JN170642

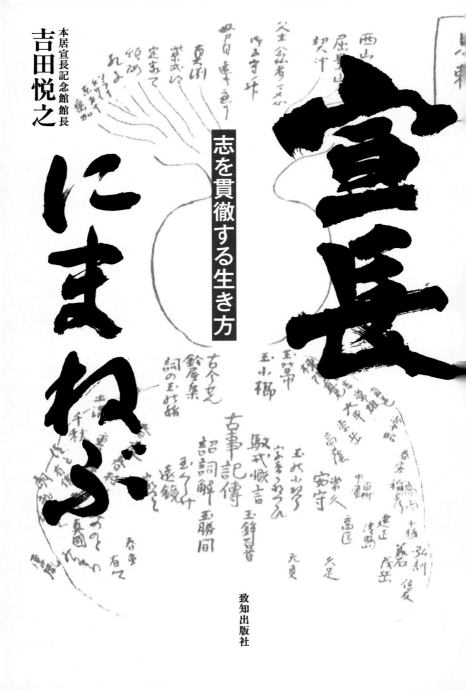

宣長にまねぶ

志を貫徹する生き方

本居宣長記念館館長
吉田悦之

致知出版社

宣長にまねぶ

はじめに

宣長をまねぶ

学ぶことは、真似ることだという。

本居宣長をまねてみよう。

といって、別に学問の内容について紹介するつもりはない。学者についての話など願い下げだというなら、一人の町医者のことだと思って聞いていただきたい。

昼間の宣長は、医者だった。薬箱をぶら下げて往診して、年収約一千万円くらいだろうか、それで五人の子どもと妻を養った。口の悪い上田秋成が、「あいつは子ども医者の片手間商いだ」と言ったのは、半分当たっている。医者の仕事で生計を立てながら、学問を続けた人だ。

だが、秋成の言は半分当たっているが、半分ははずれている。

確かに、宣長は生計は医業で立てた。二十八歳の初冬、松坂魚町で開業してから、七十二歳で亡くなるまで町医者である。

六十三歳の時には、『万葉集』研究に勤《いそ》しむ江戸の友人・加藤千蔭に、「あなたがうらやましい、私は六十を過ぎても未だに痛い腰をさすりながら朝から晩まで走り回っている」と書き送っている。この年の暮れに宣長は、紀州徳川家に五人扶持で召し抱えられたが、名目は御針医格、つまり医者としてであり、その後の町医者としての活動にも大きな変化はなかった。

往診の記録が残っている。それを見ると、ずいぶん遠くまで行ったことが分かる。たとえば伊勢の内宮、松坂からだと片道二十五キロはあるだろう。往復なら五十キロである。

毎日毎日、こんな距離を歩くわけではないが、それでも一日の、かなりの時間は薬箱を片手に歩き回っていたことは間違いない。

だが、精神は違う。

何をしていても、心の中では、自ら立てた目標に向かって着実に進んでいたのだ。

人は、やはりその志をもって語るべきであろう。

「志」の不思議な力

学問の話は嫌だという人でも、志を持っていないという人はいまい。

自分が立てた志、宣長の場合、たまたまそれが『古事記』読解という学問（もの学び）の領域に属するから、国学者と呼ばれるのである。

昼間の仕事が何であっても、たとえ自分の意に添わない日々を送っていたとしても、志を持っている人には、余り重要な問題ではないのかもしれない。

逆に、志がなければ、たとえ研究職に就いていても、その人を学者とは呼べないだろう。

その志を支えるのは昼間の医者の仕事である。二つが揃って初めて宣長という人なのであり、どちらか一方が欠けてはだめなのである。

宣長は、歩きながらも、飯を食いながらも、頭の中は高速回転しているコンピュータのように検索や思索を繰り返し、考え続けていた。考えて考えてしていた。

疲れて筆を執れない日も、きっとあっただろう。それでも考え続ける。

志は、忙しかったから今日は休みというようなそんな軽いもの、便利なものではない。晩年になって宣長は、自分が功成り名を遂げることが出来たのは「もの学びの力」であったと回想している。

志というものは、その人をぐいぐいと引っ張ってくれる不思議な力でもあるらしい。自分が歩んだ人生を振り返り、宣長は「心力を尽くした」と言う。この言葉の重みを知っていただくために、その歩んだ道のりを、皆さんにお話ししたいと思う。

ただ、相手はどう見ても大きすぎる。

いくら宣長が、学問に志すのに年齢は関係ないとか、才能の有る無しは言っても仕方ないし、続ければそれだけの効果はあるものだと励ましてくれても、難しいものは難しい。

だから、出来るところを真似してみる。雑談しながら宣長の世界を旅するので、出来るところから真似てみる。それでもけっこう効用があるはずだ。

毎日の生活をデータ化しろ、これはなかなか難しい。では、こまめにメールを打て、これなら出来そうだ。

無理のないところから真似をする。宣長も、無理はするなと言ってくれている。

『古事記伝』の美しさ

真理はシンプルであり、正しい数式は美しいという。これは何も自然科学に限ったことではない。

三重県松阪市にある本居宣長記念館には、畢生《ひっせい》の大著『古事記伝』の自筆稿本が展示されている。宣長がこの本の最後の頁を書き終えたのが一七九八年の夏。既に二百二十年近い時間が流れているが、まるで書き終えたばかりのように美しい。

それにしても和紙と墨の相性の良さには驚く。記録媒体としては、最強のものではないだろうか。火と無知から守りさえすれば、五百年、千年の歳月など難なく越えることができそうだ。

さて、もう一度、『古事記伝』自筆稿本を眺めてみる。

文字の大きさやその書体、行間に及ぶまで、紙面構成が、実によく練られたものであることに気付くだろう。全てが調和している。清潔美がある。しかもそれが四十四冊、三十五年の営為であることを知る時、驚嘆せずにはいられない。同じ形を守り通しているのである。評論家・小林秀雄は、宣長の奥墓《おくつき》を「簡明、清潔で、美しい」と言ったが、それはその生活態度、言葉、そしてこの『古事記伝』にまで及んでいる。

『古事記伝』を音読してみる

試みに音読してみる。

できることなら版本がよい。コピーならインターネットで簡単に手にはいるので、それをテキストにしてもらうとよい。一行の文字数が定まっているので、崩し字といってもそんなに難しくはない。念のために活字本を横に置いておく。二週間もすれば、ほとんど版本のコピーだけで読めると思う。

内容は十分に理解できなくてもよい。とりあえず声に出して読んでみる。

たとえば巻三の最初は、『古事記』の本文があって、「伝」という注釈がある。ちょっと読んでみよう。

「天地」は、「アメツチ」の漢字《カラモジ》にして、「天」は「アメ」なり。かくて「アメ」てふ名義《ナノココロ》は、未だ思ひ得ず。そもそも、もろもろの言の、然云ふ本の意《ココロ》を釈くは、いと難きわざなるを、強て解むとすれば、必ず僻《ヒガ》める説の出来《イデク》るものなり。

この一文の意味は、『古事記』の冒頭「天地」は、「アメツチ」という日本語に漢字を当てたもので「天」はアメであることは分かるが、では「アメ」とは何か、それは、分からない。だいたい、どんな言葉でも本来の意味を解明することは、とても難しく、無理に解釈するととんでもない間違いを犯すことになる、ということだが、あまり深く考えなくてもよい。

しばらく読み進むと、そこにはリズム、あるいはテンポのよさがあることに気づくだろう。一つの言葉の注釈が、引用文献の豊富さにもかかわらず、すっきりとしていて、論旨は明快だ。ただの史料や考証の集積ではなく、背後には力強い躍動感が感じられる。

黙読していては、これを見落としてしまう。

もちろん研究書だから、沈思黙考、検証しながら読むのが本義かもしれないが、音読すると全く違う側面が見えてくる。問題を提示して、ああでもないこうでもないと考えを巡らし、前に進もうとする著者宣長の意志の力がそこには感じられる。

『古事記伝』は探偵小説の面白さ

作家の堀田善衞が、臼井吉見さんから「『古事記伝』は探偵小説みたいなものだ」と言われて読んだら、本当に面白かったと書いている。

仮説を提示し、証拠を挙げ、証明できなければ仮説は撤回する。何とか謎を解こうとする宣長の気持ちが、読者を引っ張っていくのだろう。

純然たる注釈書、学術書である本書を、探偵小説と同列に扱うことに違和感を感じる人は多いはずだ。しかし、実際に読んでみると、謎を追う宣長の姿をこの四十四冊の中のあちこちに見ることが出来て、探偵小説だという発言になるほどと感心する。

やはり、謎解きはすっきりしていないといけない。

儒学者の伊藤仁斎も、「大抵《たいてい》詞直く理明らかに、知り易く記《き》し易き者は必ず正理なり」（言葉がすっきりとして、論旨も明快で、理解しやすく、伝えやすいものは、真理である）

と『童子問』巻の上で言っている。
中国文学者の吉川幸次郎は『本居宣長全集』の推薦のことばで、

『古事記』も尊いが、『古事記伝』は一そう尊い

と述べた。吉川氏は、出版社から頼まれて美辞麗句を連ねるような人ではない。心底、宣長の方法に敬服をしていたのだ。真剣に、また誠実に古典に向き合った人だから言えることであろう。古典を信じ、知力の限り、分かること、分からないことをきちんと区別しながら一歩でも前に進もう、もし力及ばぬ時は、次の人にバトンを渡せばよい。

宣長のそういう態度は、吉川氏の学問でもあったから、全幅の信頼を置かれていたのである。

さて、先ほど五百年、千年と言ったがこれには意味がある。
宣長は、自分の学問を理解してもらうために、たとえ五百年、千年という時間がかかっても待てばよいと言った。

五百とか千という数字を見て、ああ八百万の神や、白髪三千丈の類の誇張だろうと安易に考えてはいけない。

まず、しっかりと考える。何か根拠はないか。当たり前だという思いこみをリセットしてもう一度最初から考えてみる。結果が常識と同じであっても構わない。考えることが大切なのだ。これが宣長の方法であり、流儀である。

考えてみる。そこから宣長の世界は始まるのである。

宣長にまねぶ

目次

はじめに　2

I　地図を広げる、系図をたどる　23

II　宣長、上京する　103

III　宣長のノート　129

VI　みたまのふゆ

装　幀――川上成夫
題　字――樽本樹邨
本文デザイン――奈良有望
カバー写真――「恩頼図」
（『金鈴余響』より）

I

地図を広げる、系図をたどる

◉宣長は、自分の中に芽生えた疑問、あるいは抱いた関心を大切にする人であった。それを上手に育むことができた人であった。Ⅰ章では、関心の推移という視点から少年期、青年期を見てみる。

◉宣長は、江戸時代中期、享保十五（一七三〇）年五月七日、伊勢国松坂（三重県松阪市）本町《ほんまち》に生まれた。八代将軍吉宗の享保の改革が行われていた頃である。

◉松坂は、その将軍を出した紀州徳川家の飛び地であった。当時は商人の町として栄えていた。人口は約一万人。四十九軒の江戸店持ち商人が居たという。

◉江戸店持ち商人の主力商品の一つは松坂木綿である。宣長の家も、木綿問屋であった。父は小津定利、母は勝。二人に念願の子供が生まれた。幼名を富之助と名付けた。

◉富之助は子どもの頃から読書を好んだ。十一歳で父が病没し、運命は大きく変わる。名前を弥四郎と改め、十二歳の時には本町の屋敷を人に貸し、背中合わせの魚町《うおまち》にあった隠居屋敷に母や弟妹と移り住む。ここが終の住み処《すみか》となった。現在の本居宣長旧宅と旧宅跡である。

◉十四歳で「円光大師伝」書写、十五歳で「職原抄支流《しょくげんしょうしりゅう》」書写と、修学は進む。

◉十六歳から一年の江戸行きはあったが、十九歳まで修学は続く。その中で「地図」と「系図」を使い自分の座標を確認し、また「京都」、「和歌」への関心は、文化伝統の連続する日本への自覚を促すことになる。

◉二十歳、二十一歳の二年を山田（伊勢市）の今井田家で過ごす。折しも神宮では遷宮が行われていた。遷宮諸行事を実見し、漢籍や和歌、神道を学ぶが、とりわけ『源氏物語』を読むことが出来たことの意味は大きい。

◉連続を尊ぶ価値観、また歴史を学ぶことで鍛えられたゆったりとした時間観念は、順風ばかりではなかったはずの少年期、青年期をも明るいものとしていった。無理をせず、自らの中で育つのを待つゆとりともなった。

◉紆余曲折はあったが、商人には不向きと考えた母の英断で医者になることを決意する。

宣長の「日記」は誕生の日に始まる

宣長は、まず最初に、自分が今ここにいるということに疑問を持った。十三歳の時、「日記」を誕生の日まで遡って、しかもメモではなく、まるで公式記録のように、精一杯の緊張した筆遣いで、

生国者伊勢州飯高郡松坂本町矣（生国は伊勢国松坂本町である）

と書き始めた。

以下、「姓は小津氏、小津三四右衛門定利【法名道樹】の二男【実は長男也。長男は養子である】母は村田孫兵衛豊商【法名堅誉元固大徳】の娘【法名清誉光雲。俗名はお勝】也。享保十五年【庚戌】五月七日夜子之刻【夜之九矣】に誕《うま》る。名を富之助と号す【同姓八郎治（心誉道林）某が名付けた】（原漢文）と続く。

「宣長」（まだ当時は弥四郎と名乗っていたが）という存在が、座標でいえば、日本の松

坂という場所、時間の流れでは、享保十五年五月七日夜子の刻（太陽暦なら一七三〇年六月二十一日から二十二日に移る頃）、あるいは家の歴史の中では、本居家の流れを汲む小津という家の五代目当主定利の次男、この空間と時間の交わるところに誕生した。なんと面倒な物言いをするのかと思われるだろうが、これが宣長の基本動作。

食事の前には手を合わせて、今から食べるものが何かを確認するだろう。それと同じこと。宣長の場合は、何でも、とりあえず座標を確認する。タグを付けるのである。

タグを付ける

本を読んでいても、人と会った時でも、ああ面白いなと思ったらまず座標を確認する。他と分けておくのだ。この一手間かけるだけでずいぶん違う。

簡単なことだ。それもできるだけていねいに処理しておけば、次に活用できる。むかし梅棹忠夫の『知的生産の技術』が出て「京大式カード」というのが流行したことがあるが、基本は同じである。

見聞したことは情報として、タグを付けておく。

さて、自分の存在に対する疑問など、誰しも一度や二度は抱くものだが、宣長の場合は、この座標を明らかにするという一手間をかけたことで、後の展開が変わってくるのである。

記録に書かれないこと

それにしても生まれた日やら場所というまるで戸籍のような内容である。

普通なら、「なぜ私はここにいるのか」、「本を読むのが大好きなのに、父のいない私にはもう商人の道しか残されていない、好きなことができないなんて。どうして私は生まれてきたのか」など、わき上がる感慨は色々あったはずだが、宣長の『日記』にはそんな記述は一切無い。淡々と事実だけが記されている。

小林秀雄が『本居宣長』の最初で、『遺言書』を取り上げて、「検死人の手記めいた」と書いたが、なるほど、もう一人の宣長が、本居宣長の生涯を観察しているようだ。

この疑問にとりつかれると、なかなか前に進まないので、これくらいにするが、一つだけ付け加えておきたい。松本滋という研究者が、宣長という人は悲しくなると無言になるということに気づいた。宣長には、本当に悲しいときの記録が無い。あってもほんの一言だ。たとえば父の死など全く記載がない。あるのは後年の回想ばかりであるが、そこには言葉に尽くせない程の深い悲しみが今も続いていることが書かれている。

宣長の場合、書かれていないことの意味を考えないといけない。なぜ書いていないのか、その時の気持ちはと、頭の中で思い描くことが必要となる。

宣長という人は、歴史や文学でも、それがたとえ僅かな言葉であっても、いや片言であるほどに、それを大切にして、背後に、豊かな世界を思い描くことが出来る人であった。「思い出すこと」、「思い描く」ことの意味については、後ほど「自分の生涯を編集する」（Ⅵ章）で触れることにする。

人が好き、人間のドラマが好き

国文学者・中西進が、「真珠の小箱」というテレビ番組の中で語っていたとても印象的な言葉がある。

宣長は歴史よりも人間のドラマ（ヒューマンドキュメント）に関心があった

なるほど、宣長は人間のドラマ、また人間そのものが大好きだった。弱くて、勝手で、どうにもならない、そんな人間という存在が、不思議でたまらなかった。また、愛おしくてたまらなかった。

その傾向は、少年の頃からあった。

歴史に興味はあるが、それは人間のドラマだからだ。物語と歴史は不即不離なものだが、もしどちらかを選べと言われたら、迷うことなく宣長は物語を選んだであろう。物語とは人の心の歴史であり、それがぎゅっと凝縮したものが、和歌であり、詩である。

文学を愛好する人の中には、その世界に感情移入してしまう人も多い。だが、宣長は、どっぷりと物語や和歌の世界につかりながらも、一方では自然科学者のように、人の行動を、そして心を、冷静に観察し分析することが出来る人だった。

宣長には、きっと普通の人以上に、深い感慨や思いがあったに違いない。しかしそれは外からは見えないように慎重に覆われていた。

だが中で激しく動いている気配だけは感じられるのである。

集中力で理解力がワープする

十三歳になった宣長は、亡き父が子供を授けて下さいと祈った吉野水分神社《よしのみくまり》（奈良県吉野町）に参詣し、「日記」を書き始めた。その年の暮れ、半元服した。将来は江戸店持ちの商人として、祖父や父のように日本橋で松坂木綿を商うことになるだろうが、まだ少し時間の猶予はある。

十四歳の時に、『新板天気見集』という本を書いている。内容は観天望気、雲の動きや風の吹く方位から天気を予測する民間の知恵を集めたもの。貝原益軒《かいばらえきけん》の本が種本だ。

装丁に注目してみたい。当時の本の多くは、糸かがりといって製本の糸が外に出ている。専門用語では「線装本」という。だがこの小冊子は、紙はこよりで綴じて、糸を墨で書いているのだ。一見、糸かがり風の本である。見よう見まねで大人の真似をして本を作ってみたのだ。まさに児戯だ。かわいらしいものである。

しかし、賢いとは言ってもやはり子どもだな、などと油断してはいけない。

二週間後、浄土宗の開祖・法然上人の伝記「円光大師伝」を書写した。

その筆跡、ボリュームなど堂々としたものである。どこにでもいそうな子供だと侮っていたら、あっという間に、引き離されてしまって呆然とするばかりだ。

神が宿ったというようなことは言いたくないし、考えたくもないが、確かに突然違う次元に移動する。ワープするのである。このような驚きは、宣長の生涯をたどっていけば、たとえば『源氏物語』との出会いの時など、しばしば経験することになるであろう。

ワープを可能にする要因、その一つは、どうやら傑出した集中力のようである。

もう少し、秘密を明かしておこうか。

一か月。

この期間が、どうやら鍵である。宣長の場合、一か月が勝負である。

日本と中国を体験してみる

孔子は「吾れ十有五にして学に志す」と言ったが、十五歳の宣長はどのような日々を送っていたか。

今の成人式に当たる元服も迫り、いよいよ修学もこの年が区切りとなる。もちろん本当の学問は、修学が終わってからスタートするのである。

さて、この年の宣長の作業で注目すべきものが三つある。

まず、『職原抄支流』と『神器伝授図《しんきでんじゅず》』の書写である。米粒大の文字で、それぞれが十メートル近い長さの巻子《かんす》である。

何れも一か月で写した。

この作業を通して宣長は、「連続」と「断絶」という一つの視座を獲得したようだ。『職原抄支流』は、北畠親房《きたばたけちかふさ》が書いた故実書『職原抄』の注釈書である。宮中の官職と制度について書かれている。

この本を写すことで確認できたのは、わが国においては、世の中の支配体制は貴族から武家へと移っても、中心である制度や文化は不変であることだ。

権力者の闘争はあっても、日本の大本《おおもと》は続いているのである。

もう一つの『神器伝授図』は、中国の皇帝の精緻な系図である。三皇五帝から清に至るまで、三千九百年間の推移が書かれている。その中には孔子の名前まで記載されているといえば、中国の歴史に詳しい人なら、ただの皇帝継承図ではないことが想像できるだろう。

中国の歴史を彩る、おびただしい人物の名前が登場してくる。

そして、夏、殷、周と、王朝が交代する度に赤線が引かれるのだが、書き上がった「伝授図」を伸ばしては巻き、また伸ばしては巻きを繰り返して眺めていくと、赤線の多さに気付く。つまり赤線は、文化の断絶である。

「易姓革命《えきせいかくめい》」という政治思想が中国にはある。有徳《うとく》の人が天命によって暴君を倒し新しい王朝を開くという革命思想である。勝てば官軍のような気もするが、これにより王朝の興亡が繰り返される。時には、異民族の侵略もある。中国はこれを繰り返してきた。逆に日本には革命がなく、為政者は代わっても、文化は連続している。

この違いに気づいたのである。

歩んできた歴史は、その国の歴史観にも作用する。すっかり変わることを繰り返してきた中国と、長く続くことを尊ぶ日本。どちら尊いとか、あるいは正しいとかということではなく、この二つの国は、歴史や文化の構造そのものが違うのである。

日本は飛鳥の時代から中国を手本として国作りを行ってきた。人間の生き方も、大陸に習ってきた。

しかし構造や世界観が違うのであれば、それをそのまま受け入れることには無理があるのではないかと、少年は疑問を抱いたのである。

中国と日本は別の国である。中国のものさしで日本を測ることに無理があるとするならば、日本独自のものさしを作ることは出来ないか。十五歳の心に芽生えた着想は、二年後の「大日本天下四海画図」作成で大きく前進するのだが、その前に、三つ目の仕事を見ておこう。すごい子が出てきたと町の人を驚かせた『赤穂義士伝』である。

耳の人

松坂新町の名刹・樹敬寺《じゅきょうじ》は、本居家の菩提寺である。この寺と、母の実家村田家が、少年の教養の源泉となった。『円光大師伝』を写したのも、周囲に浄土宗的な空気が漂っていたからである。

宣長といえば神道だという固定観念があり、また、仏教批判をしているので、ついつい忘れられてしまうが、実は宣長には、敬虔な浄土宗信者という側面もあった。絶妙なバランスを取りながら、神道と仏教が、共存していたのである。

さて当時の寺院は、今の公民館的な役割を担っていた。あるいはサロンといってもよいかもしれない。

この樹敬寺も、塔頭《たっちゅう》という脇寺を八つももっていて、そこでは定期的な歌会が開催されたりして町の教養人が集う場所であった。時には、町の豊かさに引き寄せられて来訪した歌人や俳人が滞在したこともある。

さてその寺で、秋の彼岸会のときであろう、江戸の実道という説経僧が来て連夜、赤穂浪士の討ち入りの話をしてくれた。

宣長も大人に交じり静かに聞いていたら、居眠りしていたように見えたのか、「早く帰って寝ろ」と周りの大人たちに冷やかされた。心外に思った宣長は、次の日、説経僧の語りを紙に書いたものをその大人たちに見せたという。

聞いたことを全部記憶して家に帰り、紙に書いていたのである。

中を少し覗いてみようか。

まず、大略を記したので全部ではないと断り書きがあり、「予（宣長）延享元年九月の比より、樹敬寺にて」と事の次第が書かれている。

いよいよ本文だが、

抑も播州赤穂《あこ》の城主浅野内匠頭長のり（矩）、元録十四年三月、勅使【柳原前大納言、高野前大納言】江戸へ下向の時の御ちそうを致さる役に仰付られたり、（コレヲキヤウヲウノイチボクシト云）依りて此事を能くきら上野佐〔殿〕よしひでもとより知られたれば、皆此役を仰せ付けらるれば、上野のスケ殿に其の様子を原《たづね》らるゝ也と始まっていく。読みにくいので漢字を交えてもう少し引いてみよう。
場面は、討ち入りの前である。

先づ装束は黒羅紗の羽織に緋猩々の裏、表に白布にて印に二筋を引き、兜頭巾の
中へ兜の鉢を納め、金十五両づゝ懐中す。此金はあとにて死骸を取り置く人に進
上すと書き、姓名を記す

というように描写は細かい。
討ち入りのハイライトシーンも見ておこう。

隣の塀を見れば、高提灯おびただしく見へたり。声して、我は土屋主税なり、も
し盗賊でも入りたらば加勢申さんかと、時に堀部弥兵衛出て、我らは内匠頭が家
来なるが、君臣の間黙しがたく、まづ斯く斯様と云へば、高提灯は悉く引けて、
塀より蜜柑を夥しく放り出す。闘中の者共これを以て喉《のんど》を潤しける

土屋主税は高提灯を引き、代わりにミカンを投げ入れたので、乱闘中の者はそれで喉を潤しながら戦ったという。

全長三・六メートル、延々と続くこの描写の細かさを覚えておいて欲しい。宣長は歴史でも文学でも、その情景や登場人物の心を思い描くことが得意な人であった。「思い描く」ためには、細部（ディティール）が決め手となるのである。細部へのこだわりだ。

忘れたところは「ワスレ」とあり、漢字が不明ならカタカナで書く。本当に聞き書きなのである。町の大人たちだけでなく、こんなものを見せられたら誰でも舌を巻くだろう。

記憶力はもちろんだが、宣長はすぐれて「耳の人」でもあった。言葉の細やかな動き、また違いを聞き分けることが出来た。

この優れた「耳」は、やがて古代の声を聞くことに向けられるのだが、それは後の話である。

前年の『円光大師伝』といい、宣長は歴史物語が好きだ。それは、もうこの頃から始まっている。やがて、『平家物語』の面白さも知る。

また京都で師事した堀景山先生も歴史好きであった。上達はしなかったが、先生の影響で平曲を習ったりもしている。東山清閑寺の赤穂義士の展覧会にも足を運んだこともある。

本題に戻って、『赤穂義士伝』なら町の人にもそのすごさは分かるが、『職原抄支流』や『神器伝授図』を写して何かを考えていたとしても、それは周りの人たちには見えない。

そのまま商人の道を歩むことになる。

十六歳、江戸に下る。日本橋大伝馬町にあった叔父の店の世話になった。

自分の住む町への関心

十六歳で江戸に出発する直前、『松坂勝覧』というハンディータイプの松坂ガイドブックを作成している。

内容は、町の略史、次に縦横の通り別に各町を紹介し、近在の名所、神社、仏閣を簡略に記述する。延享二（一七四五）年三月二十六日成立。正式名称は「伊勢州飯高郡松坂勝覧」と言う。

現存する松坂の地誌としては、最も古い部類に属し、また、寺社の祭礼など本書にしか見えない記事もあり、小冊ながら注目に値する。巻末には「年代記」として四項を載せ、更に書き継ぐ予定であったのかもしれない。

この本の独創的なのは、松坂の町名を縦横で紹介する記述である。

竪・舟江・八幡町・新川井町【二丁】・本川井町【二丁】・西町四丁目・三丁目・二丁目・壱丁目【此所ニ橋アリ、大橋ト云・西北東南ニ掛タリ、長二十三間、此川、西庄川ト云、大川内谷ヨリ流出タリ、大口平生ノ間ノ海ヘヲツル】・本町【此間ニヒジリトリノ橋トテ小バシアリ、死人ヲ越ズ、長九尺程】・中町【二丁】

と続く。また横として町名と略記が付き、最後に「横町ハ広キ所八九丁アリ、少所三四丁也。又、愛宕町西町川井町ノアタリハ一側町也」とある。

地図を使わないで町の構造を説明することはなかなか容易ではない。通りに沿って町名を順に並べるくらいは考えついても、メインストリートから離れたら、説明に窮してしまう。それを上手く説明するところに宣長の工夫がある。

そもそも、珍しくもない自分の住んでいる町名などに興味を持つこと自体が、珍しいかもしれない。宣長は、自分が生まれ、また生活する松坂という場所の仕組みを考えているのである。どのようにして町が出来たのか。各町はどのように並んでいるのか。そこにはどのような神社が祀られ、寺が出来たのか。地誌にありがちな名所旧跡への興味とはずいぶん質が異なる。

執筆を終えた宣長は、故郷を後にして江戸に行く。帰郷は一年後である。

この松坂への関心は、その後も続く。晩年、「伊勢国」（『玉勝間《たまがつま》』）という一文を認めている。生まれ育った伊勢国と松坂へのオマージュのような文章である。地形や気候、人々の気質、言葉も論評して、余すところがない。

自分の住む町を知ることは、自分のフィールドを知ることである。活動拠点の歴史や特徴、また欠点を知ることで、地の利を活かすことが可能となった。

住んでいる場所、あるいは働いている町の地図も書けないようでは、活躍の場を最初から放棄しているようなものなのだ。

自分の位置を知る

生まれた日から始まる「日記」、あるいは自分が所属する日本という国、住む町への関心。今、自分がどこにいるのか、空間上、また時間の流れの中での自分の位置を宣長は考え続けた。

森羅万象、全てのものは、時間の流れと空間の広がりの中で、一つの位置を占めている。

かけがえのない、特別な「場所」である。

宣長は何をする時も、人の話を聞き、本を読む時も、まず場所と位置を確定することから始めた。どこの話か、いつの話かを頭の中の地図と年表でまず確認して、タグを付けるのである。全ては、時空の連続、広がりの中の一つの「点」である。しかし、それはかけがえのない「点」である。

自分という「点」を大切にすることは、他の「点」である人や存在の尊重にもなる。

宣長はそう考えた。自分という点と、他の人という点は、つながることはあっても重なることはない。だから、たとえば勉強法を執拗に問われても、回答に悩むのである。それは、点としては似ているかもしれないが、結局は、異なるつながりの中にある点であり、一緒にはならないのである。つまり、個人の問題だからだ。

取り外し自由な階段を持つ

それぞれの点は、ぽつんと存在するわけではない。縦に横につながっている。それを人間の世界に置き換えると、家系や環境、時代、世間となる。その中で互いに関係を持ちながら、初めて個人の人格、そしてその尊厳も守られるのである。

宣長も強い自我を持っていたが、だからこそ自分の座標を知ることに努めたのである。成長していく中で、色々鬱陶《うっとう》しいことは増えてくる。しかし、

ただの人が作った人の世が住みにくいからとて、越す国はあるまい。あれば人でなしの国へ行くばかりだ。人でなしの国は人の世よりもなお住みにくかろう

『草枕』夏目漱石

人は一人で生きているわけではない。互いに適度な距離を保ち、融通し合いながら生きている。とは言うものの、どうにも窮屈だと感じる時は誰しもある。そんな時のため、宣長には秘策があった。気持ちを切り替えるのである。

これからしばしば引用することになるが、小林秀雄の『本居宣長』に、宣長の書斎に上がる階段の下三段が取り外しができることを書き、

これは、あたかも彼の思想と実生活との通路を表しているようなもので、彼にとって、両者は直結していたが、又、両者の摩擦や衝突を避けるために、取り外しも自在にして置いた。「これのりながゞこゝろ也」と言っているようだ

と述べている。必要な時には階段を掛け、不要なら外しておく。頭の中のモードを切り替えるのである。

一人で居ることの得失と、つながることの得失を平等に考えるのである。

連なることのすばらしさ

仏教に、「重々帝網《じゅうじゅうたいもう》」という世界観があるという。美しい宝石が連なる帝釈天の御殿、一つでも充分美しい宝石が、周りの宝石の美しさを映すことで一層輝く、そんなすばらしい世界観である。英語では、パール・ネットワークという。たとえば、三重県で言えばミキモトパールの真円真珠は一つでも美しいが、それがネックレスとして連なることで美しさは倍々に増幅されていく。一つの球体には、他の無数の球体が映り込み、「三千大千世界が一微塵の中にある」という宇宙観を形成する。

一人の人間も、連続する中の一点に過ぎないが、そこには全てがあるとも言える。たとえば、あなたという人の中には、国籍や育った場所の全てが映し出されているのである。天涯孤独の存在などどこにもない。

美しさや歓びは、共感してくれる人がいることで膨らみ、逆に悲しみは共に泣いてくれる人がいることで癒えていく。これが宣長の「物のあわれを知る」説となるのだが、それはまたの話としよう。

また、たくさんの点を集めることをイメージしてみよう。学問の世界の話だ。まず集める。分類する。すると法則性や共通性が見えてくる。あるいは逆に違いも分かってくる。

窮屈どころか、それはたくさんの用例、あるいは標本が集まるという、実に望ましい事態である。宣長の学問も、まず「集める」ことが出発点となることが多い。

全ての存在は、連なりの中にあるのである。

また人の話に戻るが、つながれば窮屈で不満も生じるが、そこには安心もある。言葉、風俗習慣、宗教など文化は、それぞれの環境の中で育まれたものである。ふるさとに帰ったときの安心感を思い出すとよい。強がることはない。それよりも、自分という一つの「点」という自覚があればよい。

宣長が、生まれた日から始まる「日記」を書き、『遺言書』では戒名や棺の板の厚さ、参拝の仕方まで指示をするような、また好みの着物をデザインして、自画自賛像を描くような、そんな強烈な自我を持ちながら、一方で、家長として、また松坂魚町の住民として、隣人や友人たちと信頼関係を構築できたのは、この「個」と「連続」

という認識が為されていたからなのである。

系図を調べる効用

系図というものは一つの伝説である。

私も仕事柄、色々な家の系図を見ることがあるが、どれも何処かしら靄《もや》のかかったような所があり、スッキリ晴れ渡り一点の曇りもないというものには、なかなかお目に掛かれない。むしろ系図の複雑さは、名門の証だとも言えるだろう。

宣長は自分の家だけでなく、縁戚や使用人の家に及ぶまで、その系図や歴史も調べていく。情熱を持って、執拗と思えるほど調べていく。そうすることで、初めて自分の世界が見えてくるのである。

繰り返すが、網の目のように張り巡らされた関係の内で、私たちは生まれてきて、生きていくのである。一人として根無し草のような存在は無い。このことをしっかり認識すること。ここに宣長の物の考え方の原点がある。

系図にとって大事なことは、一族や周囲がその伝えを共有しているか、つまり認めているか否かである。それが真実であるかどうかという詮議よりも、大切かもしれない。

宣長は、先祖が信じ、また語り伝えたその伝承を大切にした。

「小津党」という自負

小津党を名乗る一団がいた。

「東京物語」など名作を世に遺した映画監督の小津安二郎、滝沢馬琴のよき理解者で支援者だった小津久足《ひさたり》、今も東京日本橋で繁栄を続ける小津産業、そして宣長も、実はみな松坂の「小津党」の出である。

小津党とは、もとは小津《おおづ》村から新興都市松坂に出てきた油屋源右衛門を初代とし、その成功にあやかり、暖簾分けや資金の融資をうけて独立した家である。小津を名乗ることを許された家だ。血縁関係は皆無ではないが、ほとんど無い。

宣長の家の二代目は、源右衛門の娘婿だから、小津党の中でも中心に近い名門となる。

では、小津がどうして本居となったのか、家の歴史を宣長の調査結果をもとにお話ししよう。

歴史編纂は未来志向

その前に、なぜ家の歴史をまとめるのか、その理由を確認しておきたい。

私は記念館の研究員として採用された三十年ほど前、先輩職員が見学者に本居家の家系のことを話しているのを聞きながら、宣長の学問と系図は関係ないのにと思っていた。だが、今は少し考えが変わった。これは、自分が年を取ったというだけではない。なぜ、宣長が四十代の頃から熱心に家系を調べ、六十九歳で『家のむかし物語』としてまとめたのかを考えてみると、それはアイデンティティー、具体的に言うなら宣長が自分の位置を知るために、とても大切な問題であったことに気づいたのだ。

たとえば、定年後に家の歴史や自分の半生をまとめる人がいる。

その行為は、実は宣長とは、似て非なるものである。

宣長の場合は、自分の目標を定めるための、大切な基礎作業である。感慨にふけったりするほど、宣長は暇ではない。

家の歴史を調べる、宣長はこれを養子大平《おおひら》にも勧めているが、これは「回想すること」と同じように、積極的な方法である。

なぜ家史や社史を作るのか。

家史を編纂することは、家訓の制定と共に、豪商の文化の中に位置付けることが出来る。

経験ほど貴重な先行事例はないからである。これが、近代の社史につながっていく。松坂の豪商では、三井家はもちろんだが、最近では国分家、少し前に小津産業がその歩みをまとめ、また過去には長谷川家の家史として綿密な経営分析も編纂されている。

江戸に進出した松坂の商人たちにとって、決して順風満帆の時代ばかりではなかった。幕府や藩の経済的破綻や相次ぐ大火、そして明治維新。近代になってからも関東大震災や恐慌、戦争、復興を乗り切ってきた経験値の集積なのである。

宣長の系図への関心も、活動の源であるという点で、家史と通いあうところがある。

本居から小津へ

では、本居家の出発点からみることにしよう。

桓武天皇の末裔という話はともかくも、ほぼ確実なところは、まず伊勢の国司北畠氏の家臣で本居延連と武秀兄弟がいた。

北畠氏が滅んだ後、兄弟は松坂を開府した戦国武将蒲生氏郷に仕えた。

氏郷が会津に転封になると、兄延連は松坂に残り百姓になり、武秀（道観）は氏郷に従った。氏郷の家臣として武秀は奥州を転戦、南部九戸《くのへ》城（岩手県二戸市）攻めの激戦の中、討ち死にしてしまう。

この武秀が宣長の家の祖となる。

妊娠していた妻の慶歩大姉は、身寄りのない東北を離れ、従者と故郷に帰り、松坂近郊小津村の油屋源右衛門宅に身を寄せた。

やがて男の子が産まれた。二代目七右衛門（道印）である。

道印は源右衛門の娘を娶り、義父らと新興都市であった松坂に進出。これが「小津党」の誕生である。商人となったからには名字は不要と「本居」姓は使われなくなった。

その子が、三代目三郎右衛門（道休）で、本居家では中興の祖と呼ばれる。

日本橋での繁栄

道休は江戸に進出、日本橋大伝馬町で木綿店を三軒経営した。見込みのある者には支援を惜しまなかったようで、小津産業の創業者・小津清左衛門は、道休からの融資を元手に江戸店持ちになっている。道休は子供に恵まれなかったので養子を迎えた。四代目三四右衛門定治（唱阿道清）である。

店は益々繁盛して木綿店に加え、日本橋堀留町に煙草店と両替店を開いた。唱阿は娘お清の養子を隠居家から迎えた。五代目三四右衛門定利（道樹）である。ところがお清が亡くなったので、後妻として迎えたのが村田勝であった。定利と勝の子供が、宣長である。武秀から数えて六代目となる。

このように見てくると、本居と小津の関係も分かってくる。

武士だった時の本居姓があるので、商人になった時からの小津は屋号のようなものという意識を一族は共有していた。

だから宣長は、医者への第一歩を踏み出す時に、屋号の小津は返上し、本居姓を使い始め、これは改姓ではない、本来の姓に戻しただけだ（「復す」『在京日記』）と言い、家族や周囲の人たちもすんなりと受け入れたのである。そうでなければ、いたずらに混乱を来すだけである。

伝説や神話は、時に人の行動や思想を束縛することもあるが、一方では心の支えともなり、また連帯感を持つことで、社会や地域の安定にもつながるのである。

家への関心は継続する

家系のことに長居しすぎたようだ。前に進もう。

宣長は、やがて本居という姓に復するが、その後も、自分の家の歴史に関心を持ち続けた。その手法は古典研究と同じように、まず史料を博捜し、実証的であることを旨とした。祖先が活躍したという松坂郊外の阿坂村に行き、先祖の墓を探し、大和国からの帰りにわざわざ難路の伊勢本街道を選び、北畠氏の城下があった上多気《かみたけ》を訪ねている。

また、盛岡に住む南部藩の医者・安田道卓に、九戸城合戦で討ち死にしたという本居武秀の事跡調査を依頼したこともあった。

ルーツ探しは生涯にわたって続き、『本居氏系図』や、六十九歳の時には『家のむかし物語』という精緻な研究として完成した。それを子孫に託すのである。

江戸を実見する

宣長は、十六歳からの一年を江戸日本橋大伝馬町一丁目にある叔父の店で過ごす。滞在先は「店」であるから、物見遊山ではない。商売の見習いである。

ところが記録には、延享二（一七四五）年四月十七日、江戸に行く。二十六日到着、滞在先は叔父原四郎店。三年三月二十六日、江戸出立。四月九日、本国帰着、としか記されていない。

初めての江戸行きである。道中、富士山も見たであろう。珍しいこともあったはずだが、一年は、たった二行で済まされてしまうのである。

小さなノートが残っていて、その表紙に「延享二歳乙丑五月吉祥旦」と書いてある。四月二十六日に江戸到着して、少し落ち着いて日記でも書くつもりだったのかもしれないが、結局、使用されることはなく、やがて転用されてしまった。

江戸に居場所はなかったのだろう。

嫌な体験は回想も記録もしないのが「宣長流」である。

ただ、江戸を見た、東海道を往復したというのは貴重な経験であった。

日本を体験する

江戸から帰郷した宣長は、休む間もなく「大日本天下四海画図」の作成に着手する。まず小さな紙を二十枚貼り合わせて縦一・二メートル、横一・九メートルという大きな紙を用意する。つまり紙のつなぎ合わせから作業は始まる。

その中央に日本地図を描く。韓唐《がんとう》や女島のような架空の場所も描かれている。壱岐や対馬はあっても琉球や蝦夷は一部だけである。これは情報の入手が困難という実際上の問題があったことは間違いないのだが、ひょっとしたら、そこは違う文化圏だという意識が働いていた可能性もある。つまり描かれているのは、大雑把には、日本のものさしが使える範囲だと言えるのである。

地図の中には三千百余の地名や距離、時には名所や藩主の名前も記載されている。地図の上下には、武蔵や常陸といった国名や郡名の集覧、大坂からの国内各地、海外の主要地域への距離。地図に書ききれなかったからであろう熊野詣の情報や凡例がびっしりと書き込まれている。

制作年を示す年号は「延享丙寅仲夏（一七四六年五月）吉辰」で、江戸から帰宅して僅か一か月目である。

ここでもまた一か月である。

それにしても、いくら集中力が桁外れであっても、かなり入念な準備が無いと無理である。西国三十三か所、越中立山、地図の南側にまとめられた熊野古道などは参詣案内を参考にしたのだろうか、材料集めだけでも結構かかりそうである。

歩いて測量したわけではない。既存の地図を参考にするが、全体や細部はオリジナルである。

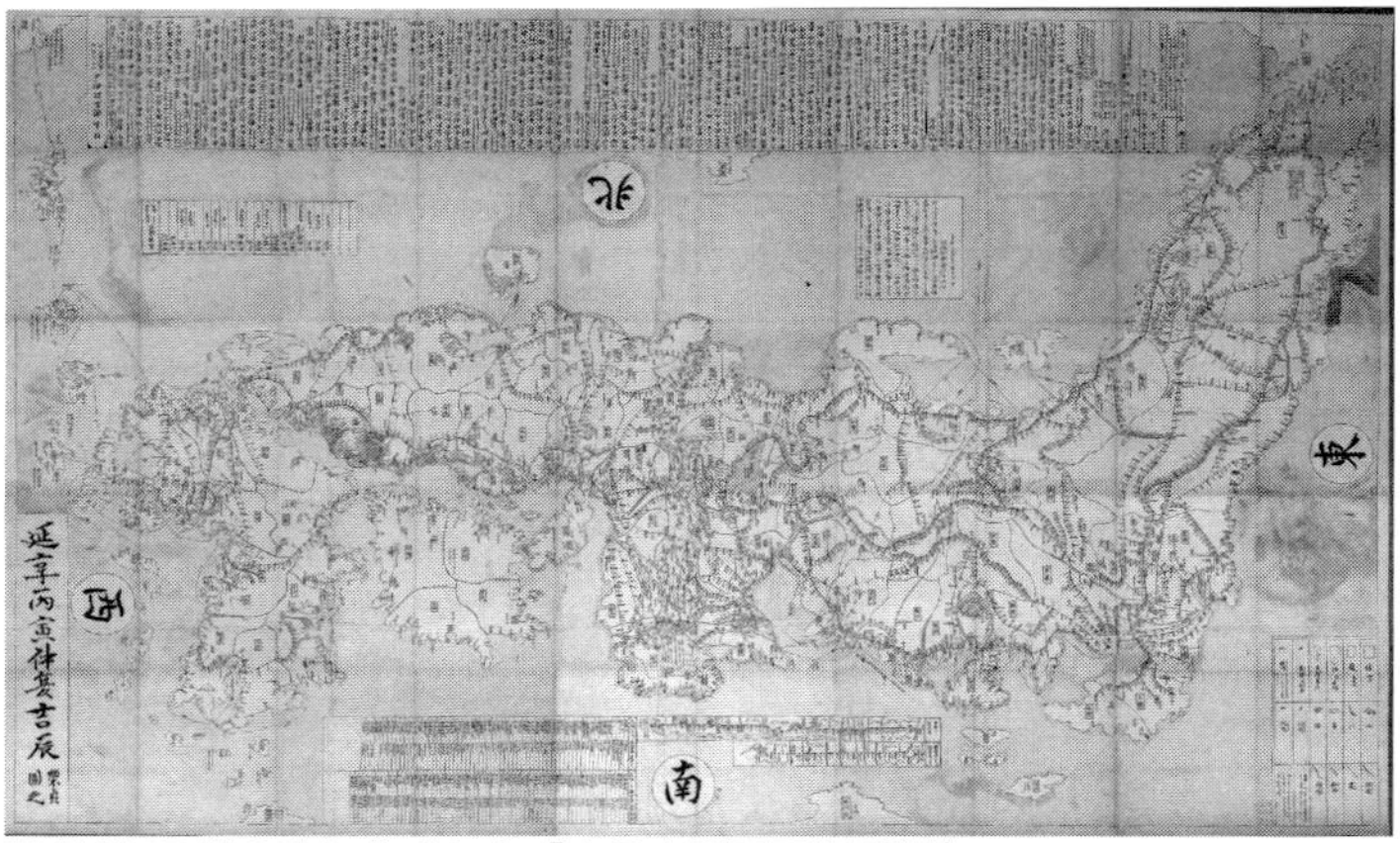

宣長が 17 歳の時に作成した「大日本天下四海画図」

よく見ると、たとえば街道と海岸線の線の書き分けや地図記号など、いかにも地図らしく仕上げられている。江戸行きの頃から、地図作成の構想を持っていたと考えないと説明が付かない。

いったん描き上げた後も加筆がなされ、外袋が作られ完成を見たのは、京都に行く直前、宝暦二年であった。伊能忠敬が日本沿海の測量に取りかかるちょうど半世紀前である。

地図は人を驚かす

地図は、世界観や価値観をガラリと変える力を秘めている。しかもそれを自分の手で、工夫しながら描くのである。

地図の作製には、大きく二つの方法が考えられる。

一つは、測量術や天文学の成果を駆使する方法、伊能図はその先駆的なものである。もう一つは、経験や伝承をもとにした人文学的な地図である。この体験をもとに技術に頼らない地図は、ずいぶん古くからある。方位や距離は不正確でも、生活と密着しているだけに、人間に関わる情報量はとても多い。

十八世紀は、人文的な地図に代わって、いよいよわが国も科学的な測量地図へと入っていく時代である。この「大日本天下四海画図」は、あるいは人文学的な地図の最後に位置するものかもしれない。十七歳の少年は、はからずもその集大成を行ったのである。

江戸から帰ってきて、あるいは商人失格の烙印を押されて帰され、少々は反省しているかと思いきや、部屋にこもって夢中で地図を描く息子を、母はどんな思いで見ていたのであろう。心中複雑なものがあったはずである。

でもひょっとしたら、作成中の地図を広げて「ここが松坂」だ。「京はここで、江戸はこちら」。「富士山はこのような美しい姿だ」と聞かされた時には、心の中で驚きの声を上げたかもしれない。いくら教養のある村田家育ちの勝でも、日本地図などそう見る機会はなかったはずだ。ましてや弟や妹は、お兄ちゃんすごいと目を丸くしたであろう。

感心している場合ではないのかもしれないが、宣長は、どこか不思議な明るさがある人だ。いや、長いスパンで見ることが出来る人は、きっと皆明るいのだ。周囲にもその影響は及んでいく。

この体験を通し、日本という空間を実感することが出来た。本や人の話に出てくる地名ばかりではない、大半は、一生全く縁のないであろう場所であっても、これら全てが「日本」なのである。

一人の人が「点」であるのと同じように、場所もまた「点」であるが全体の中での「点」なのである。京都、あるいは江戸、松坂、どんな町でも、そこだけが何もない空間に浮かんでいるのではない。周囲の町や村、時には壱岐、対馬などと互いに関係しながら存在するのである。三千百という容易ならざる地名を一度は自分の中に取り入れて、紙に置いていく。道というつながりで結んでいく。それを取り巻く海岸線を描くことで、宣長は部屋の中で日本全土の旅を実現したのである。この体験を通し、自分のこととして日本が考えられるようになったのである。

その後の思索や生活、全ては、自分が描いたこの空間の中で展開していく。

先走って言うなら、ここに描かれた場所の人に共通する価値観、世界観を探求するのが、その後の仕事となっていくのである。平安時代から続く公家故実や中国の皇帝図を写し、日本地図の制作と関心はどんどん広がっていくが、ようやく核になるものが見つかった。
「日本とは何か」
心の中に一粒の種が蒔かれた。

街道の町に暮らす

『地底旅行』や『八十日間世界一周』などを書いたジュール・ヴェルヌはフランス西部の港町ナントの人である。交易が盛んで異国情緒豊かな町に育ったことで、冒険心と想像力をかきたてられたそうだが、子どもにとって、街道もまた、未だ見ぬ世界への誘惑となった。

ところで宣長は、なぜ地図を作成したのだろうか。

最初から日本独自のものさしを作る基礎作業と位置づけていたのだろうか。だが、それは結果論であって、動機は別にありそうだ。

一つの可能性として、こんなことも考えられよう。

生まれた家の前は伊勢街道。朝に夕に神宮に向かう人を眺めているうちに、「日本って随分広いんだな」と思った。話す言葉も都と田舎、西と東、山と海ではずいぶん違う。着ているものも違う。米を食べている人もいれば、お茶をほとんど飲んだことのない人もいるようだ。それでも、みな日本人だし、旅の目的地は同じ「神宮」である。

違って見える人々だが、何か共通するものはあるのではないか。つまり、「日本」とは何かという疑問を、リアルな体験を通して抱いたのではないだろうか。

言葉への鋭敏な感覚や何にでも興味を持つ旺盛な好奇心、抜群の観察力を持っていた子どもなら、充分あり得ることだろう。

伊勢の人はよく歩く

ところで宣長より半世紀ほど前のこと、伊勢本街道に近い松坂近郊射和《いざわ》村の大淀《おおよど》三千風《みちかぜ》は、諸国の名所旧跡を自分の目で見たい、それを人々に教えたいと七年に及ぶ旅を実行した。その成果をまとめたのが、『日本行脚《あんぎゃ》文集』である〈元禄三〈一六九〇〉年刊行)。

これが日本のツーリズムの幕開けとなった。隣の伊賀国に生まれた芭蕉も、三千風追随者の一人だ。

江戸時代後期、やはり伊勢街道沿い須川村（松阪市小野江町）に生まれた松浦武四郎も、家の前を通る旅人を見て、この道をずっと歩いていきたい、出来れば唐・天竺までもと、ある日、家を飛び出した。さすがに海外渡航は実現しなかったが、全国を遍歴し、蝦夷地探検で大きな功績を残した。

この他、徳川吉宗が八代将軍となったときに、松坂からも何人かの本草学者が幕府に召し抱えられた。丹羽正伯《にわしょうはく》、やがてその後継として選ばれた野呂元丈、また公儀御庭番となった植村正勝らは、役目柄、諸国の情報を収集することが多く、特に植村の場合は全国の山野を回っている。

神宮の大麻を、伊勢暦や伊勢おしろいと一緒に全国の旦那を回ったのが神宮の御師《おんし》たちだが、蝦夷地探検の先鞭を付けた村上島之丞もその関係だろうか、驚異的な脚力と記憶観察力を備えていた。そして伊勢商人。射和村の竹川竹斎と言えば、幕末、勝海舟の知恵袋となった人だが、彼が継承した神足歩行術は、最近脚光を浴びている。

伊勢の人はよく歩く。土地柄ということもあるだろう。

まめに歩くことは、商いの基本。しかしそれ以上に、歩くことは考えること、学ぶことでもあった時代である。それはやがて、幕末の志士へと受け継がれていく。

地図と旅人がもたらす国土観の変化

地図を描き、あるいは諸国を旅する人が出てきたことで、日本人の国土観、国家観は大きな転換点を迎えることになる。

自分たちの藩が一つの国であった人たちが、より広い世界の存在に目を見開いたのである。新しい「国」という視座を得た、また地方（鄙）を発見したのである。

その影響は当然、学問の世界にまで及んだ。

賀茂真淵はすばらしい着想を持った人である。江戸に住み、全国各地からやってくる人を眺めながら、地方には未だ、失われた過去の記憶が残っていることに気づいた。それを知ることで古典研究は進むのではないか、そう考えて、「旅人などに問いたまえ」と宣長に教えた。弟子は実行の人である。それをさっそく実践してみる。

あるいは各地の仲間とつながれと言った。それがヒントになり、やがて強固な国学ネットワークが確立する。そして、宣長においては、『古事記伝』の記述を一層豊かなものにしていくのである。

字がこぼれてきそうだ

「大日本天下四海画図」を作成してから約二年半を宣長は部屋の中で過ごす。私的にだが「本居」姓をそっと使用し始めた。もう商売とは決別したいという気持ちの表れだろう。

部屋の中ばかりでは気持ちも晴れまい、気分転換に弓を習ったりもするのだが、とりわけ孤独な少年の心を引きつけたのは、京都と和歌であった。

十七歳の秋に『都考抜書《とこうばっしょ》』というノートを書き始めた。用紙は家にあった証文の反古を利用した。六冊まで書き継がれた。米粒大の文字がぎっしり詰まっていて、傾けたらその字がこぼれてきそうなノートである。暗い部屋でこんな細かい字をどうして書いたのか。

時代は五十年後に飛ぶが、亡くなる二年前、宣長は『続紀歴朝詔詞解《しょっきれきちょうしょうしかい》』という本を書いている。『続日本紀』に載る天皇の詔《みことのり》の注釈である。その草稿は薄い紙の紙背、つまり裏の字が透ける、しかも今のA3サイズくらいの大きな紙である。その上から下までびっしりとミリ単位の字で書かれている。紙が貴重であったかどうかの問題ではない。今の明るい灯の下でも読むのが困難だ。草稿だから、それをもとに再稿本、あるいは清書を作成するのだから、書いたら終わりではないはずなのに、どうしてこんな字を書くのか。暗い行燈の下では判読不能に思えるのだが、ちゃんと清書されて本になっていく。

このような字を見たら、今の心理療法士や医者なら病気の見立てをするだろう。しかし、まずその前に、「全体を見なさい」という宣長の教えを実践することをお勧めする。きっとそう簡単には答えは出ないだろう。人を理解することの難しさを思う。しかしこの小さい字は、本への書き入れや、言葉の用例のデータベースを構築するときに抜群の効果を発揮することになる。

この小さな字こそが宣長だ、と言えるかもしれない。きっと、多くの宣長研究者なら同意してくれるはずである。

『都考抜書』

話を『都考抜書』に戻す。

このノートは蟻の行列のような細かな字で、『続日本紀』や『平家物語』、あるいは案内書など色々な本から京都の名所旧跡、土地にまつわる伝承や縁起を細字で書き写す。併せて「洛外指図」という京都周辺地図も描いた。

「大日本天下四海画図」や「洛外指図」が空間の広がりの中で場所を捉えようとした試みであるのに対して、この京都のノートは、場所（トポス）を歴史書や文学作品の記述という時間の流れの中で捉えようとしたものである。その場所でどのようなドラマが展開したのか。京都の知識が、空間と時間という座標軸の中で位置づけられたのである。今ならさしずめ、パソコンの京都マップで、任意のポイントにカーソルを持って行くと、そこの歴史が見えるというようなものだ。

宣長の和歌研究も最初はごく初歩的だった

部屋の中での乱読に明け暮れる生活も一年半を過ぎ、十八歳の十一月には、『和歌の浦』というノートを作り歌の勉強を開始した。

といっても『和歌八重垣』という通俗入門書などから和歌の本の名前や短冊や懐紙の書き方などを書き抜くごく初歩的な内容からのスタートである。

ここで、宣長と歌との関わりをまとめておこう。

和歌など、そんな風流は関係ないと言われるかもしれないが、ノーベル文学賞をもらったボブ・ディランでも、カラオケで歌う演歌でも、『新古今集』でも実はみな同じ。歌は揺れ動く人の心をテーマとする。

たとえば人を好きになることのせつなさ、別れの悲しみ。

人の心は木石ではない。様々なことに触れると、喜びや驚き、また悲しみと揺れ動くものである。その心振幅が大きくなると、ああ、とため息がでる。これが「あはれ」である。

宣長の「物のあわれを知る」説はこれを論じるのだが、まだそれは先の話である。ため息はやがて人に話してみたい、いや聞いて欲しいという気持ちになり、それが言葉を選び表現を考え、またリズムを持つとき歌は生まれる。自分の心の内を、人が感動しながら、あるいは同情しながら聞いてくれて、一緒に笑い、泣いてくれたらどれだけ心は満足するか。人がどんな境遇でも歌をうたう理由はこれで分かるだろう。

歌を詠む家と詠まない家

といっても、仕事にしか興味を持てぬ人がいることも事実だ。

宣長の場合は、父方は歌を必要としない仕事一徹の家系だ。西鶴が言う、「商のおもしろきは今なり」という時代を生きてきた人たちである。ちなみに隣の三井高利も、商い以外一切興味はなかったという。

母方の村田家は違った。作品は残っていないが、母も歌を詠んだ。後の話だが、祖母・元寿尼八十賀に、七十の祝いでは私たちが詠んだから、今度はおまえが詠むようにと宣長に書簡を送っている。村田家は歌の贈答をする家だった。お祖母さんもお饅頭より歌をもらうことに歓びを感じる人であった。

歴史やルールを勉強する内に、やがて見よう見まねで詠み始めたのだろう。その頃のことを『玉勝間』で回想する。

十七、八の頃から、歌を詠みたいという気持ちが湧いてきて詠み始めたが、特に先生に師事するわけでもなく、詠んだ歌を人に見てもらうということもなく、ただ一人で詠んでいただけだった。手本となる歌集も古いのやら新しい物やら色々で、ごく普通の今の世の詠みざまだった。

「おのが物まなびの有りしやう」

見よう見まねで歌も詠んでみた。記録に残る最初の歌は十九歳の正月に詠んだ歌である。

新玉の　春きにけりな　今朝よりも　霞ぞそむる　久方の空

宣長が生涯に残した歌は一万首に及ぶ。先ほどの論で言えば、心はそれほど激しく揺れ動いていたのだ。あの『古事記伝』自筆稿本の整った文字の奥底にあるものを、見逃してはならない。

波騒《なみざい》は世の常である。波にまかせて、泳ぎ上手に、雑魚は歌い雑魚は躍る。けれど、誰か知ろう、百尺下の水の心を。水のふかさを

『宮本武蔵』吉川英治

想像の町　現実の町

部屋の中の生活も二年が過ぎた頃、一枚の地図を描いた。その町に住む人々の系図も作った。「端原氏《はしはらし》系図《けいず》並《ならびに》城下《じょうか》絵図《えず》」である。

「地図」の端裏に「延享五ノ三ノ廿八書ハシム」とある。一七四八年、宣長十九歳。保存上、あまり展示できないが、リクエストが多い。実はこれは、想像の都市図とそこに住む人たちの系図なのである。今なら、さしずめゲーム感覚といったところか。私たちはすぐに、家に閉じこもる十九歳の心の闇を垣間見る心地がする、などと解説したくなるのだが、作っている本人は果たして深刻に考えていたのかどうかは分か

らない。ただ面白いから、一所懸命に作っていたというのが真相か。

元号や登場人物など一切が架空。基本構図は京都図を九〇度回転させた形に近い。東に四郡湖という東西四里半、南北三里の大きな湖があり、そこに注ぎ込む紅葉川と嶋田川に挟まれて城下はある。町は御所を中心に武家屋敷があり、周囲には碁盤の目のように町が広がる。精細無比。遊びというにはあまりにも詳しすぎる。

歴史物語への関心と、系図や地図を描く技能が充分に発揮された力作ではあるが、実際に創作する気持ちがあったかどうかは分からない。

歴史と文学の親和性は、特に日本では中国にくらべても高かったし、宣長は人間のドラマが好きだったのだから執筆構想があっても不思議ではないが、しかし宣長なら地図や系図でも一編の物語として読むこと、つまり思い描くことは造作のないことであり、創作する必要もなかったのかもしれない。またそれよりも調べたり研究することの方がよほど性に合っていたはずである。

また創作への思いがあったとしても、この直後に出会う『源氏物語』でその渇きは充分癒されたはずである。

もう一度この地図を見てみよう。

「端原氏系図並城下絵図」は、想像の産物であるだけに、宣長の理想の都市像を読み取ることが出来る。

宣長が都市構造に関心を抱いていたことは、『松坂勝覧』や『都考抜書』でもわかる。実際に暮らしてみて、晩年の「伊勢国」(『玉勝間』)の中の松坂評、あるいは京都評につながっていくのだが、その中で指摘している松坂の欠点が二つある。

一つは街並みが整然としていないこと。もう一つは、船の着く港がないこと(「松坂のあかぬ事は、町筋の正しからずしどけなきと、船のかよはぬとなり」)である。

船は当時は物流を支える、町の繁栄の生命線であった。その二つの欠点が、端原氏の城下では解決されていて、港もあれば区画も整然としている。何より、この町は京都によく似ている。理想の町は京都に絞られつつあった。

閉じこもりを内地留学に転換する

「端原氏系図並城下絵図」を作成して直後の四月、宣長は一ヶ月余りの京都、大坂旅行をする。座学の次は実地踏査だと言わんばかりの密度の濃い旅である。旅では『都考抜書』で培われた京都の知識が存分に生かされた。

洛中洛外、参拝社寺は延べ九十三か所を数え、芝居に祭り見物、朝鮮通信使の行列拝見というおまけまでついた。優雅というか、信じがたいような過密スケジュール、充実振りだ。ここでも宣長は常識を易々と越えていく。ワープするのである。

店も実質的には閉店状態で家計に余裕はなかったようにも思うのだが、教養や文化への投資は惜しまない。さすが名門小津家である。

閉じこもった二年半、周囲の目は冷たかったが、京都と和歌への関心が芽生えた。これをいかに育てていくか。宣長にとっては大きく羽ばたくための助走期間となったのである。

部屋に閉じこもることを内地留学のような得難いチャンスに転換したのである。この間の蓄積が、京都旅行だけではない、生涯にわたる学者としての活動を支える貴重な財産になる。

伊勢に留学

「お前も部屋の外の空気を吸ってきたらどうだい。聞けば来年は伊勢では二十年に一度の式年遷宮があるそうじゃ。そこで相談だが、伊勢のおばさんの紹介で妙見町の家に行かないか。養子にという条件じゃが、遷宮見物がてらしばらく様子をみて、もしその気があるならずっといてもらったらありがたいしということじゃ」

これは作り話だが、このようにでも考えないと説明が付かないのが、今井田《いまいだ》家養子話である。十九歳の冬、宣長は山田（伊勢市）にある今井田家の養子となった。この家は紙商で神宮の下役も兼ねていた。送り出した宣長家の事情や迎えた今井田家の思惑などはよく分からないが、宣長は新生活を満喫している。ここでの二年間の収穫を三つ挙げると、まず遷宮を神領民として体験できたこと。二つめ、神道への関心が明確になったこと。三つめは、『源氏物語』を読んだこととなるだろう。

式年遷宮は、天武天皇のご発意により、次の持統天皇四（六九〇）年に第一回が行われたので、二十年に一度遷宮するという伝統は千三百年以上継承されてきたことになる。

宣長（二十歳）が神領民として参加したのは、寛延二（一七四九）年、第四十九回遷宮である。今井田家は御師《おんし》でもあるから式年遷宮も、言えば仕事のうち、「神は紙」ではないが、祭式や伊勢暦、御札など神道に関わる和紙の消費量は多い。

宣長は両宮にせっせと通い、柱立てや棟上げ、御白石持《おしらいしもち》に奉仕し、完成した新御殿を拝見する。

またその合間を縫って、古市中の地蔵にあった宗安寺住職法幢《ほうとう》を師として和歌を習う。

今井田家のある山田妙見町から宗安寺への道のりは距離は約一キロほど、誘惑が多い。お杉、お玉が三味線を弾く間《あい》の山を越えると、日本有数の芝居と遊郭の町・古市である。その妓楼街を抜けたところに宗安寺はある。遊郭はともかくも芝居好きの若旦那には二軒の小屋の前を素通りするには辛かったであろう。

だがそれ以上に学問の誘惑は強かった。『(今井田)日記』寛延二年に、
去辰ノ年ヨリ、和歌道ニ志、△今年巳ノ年ヨリ、専ラ歌道ニ心ヲヨス

とある。

『詩経』を読む

また、中国最古の詩集『詩経』を読んだのもこの時期だ。正住院で儒教の基本書である「五経《ごきょう》」のうち、『易経』、『書経』、『礼記』、『詩経』の素読を習っている。ちなみに、「五経」の残された一冊『春秋』は、やがて京都でていねいに読むこととなる。

さて『詩経』は、

関関たる雎鳩《しょきゅう》は、河の洲に在り。窈窕たる淑女は、君子の好逑《こうきゅう》

という詩で始まる。「河の中州の仲のよいみさごのように、君子には仲のよい奥様」という「関雎《かんしょ》」というこの詩は、昔から中国のお祝いの席では必ずと言ってよいほど歌われた。これらの「詩」を高く評価し、『詩経』として「五経」に入れたのが

孔子である。

子曰く、詩三百、一言を以てこれをおおえば、思い邪《よこしま》無し（『論語』）

孔子は言われた。『詩経』三百篇の詩を一言で言い表すなら「思い邪《よこしま》無し」、偽る心はどこにもないと言うことだ。今、『詩経』を読んでみると、詩というより民謡に近い。そこに歌われた素直な人間の心は、表現が素朴なだけに、二千数百年の時を隔てて私たちの心を揺さぶる。

この本との出会いはやがて『源氏物語』観にも影響を及ぼす。

宣長はこんなことを言っている。「『源氏物語』は、物のあわれを知ることに尽きる。もし孔子が『源氏物語』を読んでいたなら、『詩経』よりこの物語を高く評価して、「六経《りつけい》」の一つに加えられたはずだ」と。

ちなみに「六経」とは、「五経」（易経・書経・礼記・詩経・春秋）に「楽」を加えたものだが、「楽」は本としては伝わらない。「五経博士」とか『五経正義』など、普通は「五経」である。

詩と和歌、中国と日本の心の真実を描いた究極の古典と、日本人の心の故郷とも言うべき伊勢の地で出会い、二十歳の青年は心を揺さぶられた。

物まなびのスタイルが固まってくる

神道研究への関心が高まったのもこの頃である。宣長の回想を見てみよう。

もともと神道関係の本にも興味があり、古いものや新しいものを色々読んではいた。二十歳の頃から、関心は高まったが、それでも誰かに学ぶということもなかった。上京してからは、きちんと勉強してみようかという気持ちになった（『玉勝間』「おのが物まなびのありしやう」）。乱読の中から、目標が見えてきたようだ。

神都と呼ばれる伊勢で神道に関心を持つのは自然な流れであろうが、ではその後、勉強してみようかという気持ちはどうなったのか。機会がなかったのかもしれないが、やがて古典研究の方が進んでくると、わざわざ先生に学ぶ必要も感じなかったのだろう。

どうやら宣長は、凡庸な先生からきちんと教えてもらうタイプではなさそうである。

やがて師事する景山先生のように遊んでいるのかどうか分からぬような傑物ならまだしも、真淵のような天才であっても四百キロの距離を隔てていないと師弟共倒れになるような強い個性があった。

それにしても、十六歳での江戸行きで味わったであろう挫折感、部屋の中での生活、今井田家の養子生活と、マイナス要因になりそうなことが続くが、それをプラスに変えていく強さが宣長にはある。これも物まなびの力ではないかと思う。

『経籍《けいせき》』というノートは、十六歳で起筆して本の名前ばかり約三千数百が書かれているノートだが、その中に茶の湯関係書が五冊並び、少し置いて神道書が何十冊か、その後『源氏物語』関連十九種類、また神道書と続く箇所がある。茶道は今井田家養子となる直前に松坂で山村吉右衛門に習った十九歳の時であろう。これで見ても当時の関心が窺える。

『源氏物語』との出会い

今井田家での収穫の三つめが、『源氏物語』を読んだことである。

この物語の持つ魅力に引かれて、宣長は学問を続けたと言ってもよいだろう。生涯で一番熱心に読み、また文体模写まで試み、古今東西これに勝る物語はないとさえ言っている。

やまと、もろこし、いにしへ、今、ゆくさきにも、たぐふべきふみはあらじとぞおぼゆる
（日本はもとより中国にも、また昔はもちろんだがおそらくこれから先も、この物語に並ぶ作品は出てこないだろう）

だが、『源氏物語』はかなり手強い本である。当時、一番良くできた注釈書、北村季吟の『源氏物語湖月抄』が近くにあったのは幸いしたが、それにしても初めてこの本を手にした二十歳の頃には、どこまで理解できたかは疑問だ。

当時宣長は、華風という号を持っていたが、「今華風」（今井田華風）と署名がある『源氏物語覚書』という当時のノートをみてもその内容はまだ初々しい。たとえば、「源語訳解」として、「やむごとなき」、「きは」、「めざましき」「あつしく」などこの

「物語」に出る言葉を抜き出して訳を書くといったレベルである。今の中学生くらいか。しかし、読解力が増すのにそんなに時間は掛からなかった。十四歳の『新板天気見集』と『円光大師伝』のレベルの差を思い出してもらいたい。まるでワープしたかのように、あっという間に遥か彼方に行ってしまうのが宣長である。

尋常ならざる集中力がその要因の一つだろう。

最初は手こずったとしても、心の琴線に触れるものがあったようだ。「出会い」とは不思議なものである。最初から全部分からなくても、心引かれるものがある。これは、人との出会いと同じである。

今でこそ日本を代表する古典として不動の地位にある『源氏物語』だが、中世には禁断の書扱いで、「源氏」を著した罪で地獄に落ちた紫式部を助けようと「源氏供養」が行われるほどであった。それだけ魅力的だったのだ。歌人は歌を詠む時のお手本だと弁解し、女性は密かに楽しんでいた。近世になって、読者層が広がると読み方も自由になったとはいうものの、評価を一変させたのは宣長の功績であった。

広がる関心・狭まる現実

和歌を詠むことがそのまま生活であるような平安宮廷が舞台の『源氏物語』と、当時もっぱら心を寄せていた「和歌」、二つは一つのようなものだ。そこに京都への憧れが加わると、道は自ずと見えてくる、と言いたいところだが、「神道」にも心引かれるものがあるし、何より実生活の問題もある。

本居宣長は分かりやすい人だ。ある日突然に変わるということがない。たとえば関心も、まず日本歴史の独自性への着目、次に和歌の研究へと推移する。それは京都への憧れと密接につながり、和歌と京都が織りなす世界を描く『源氏物語』が立ち現れてくるといった具合だ。その足跡には必然性があり、自然な流れであるように感じられる。原因があって結果がある。また、考え方のベースにある「連続と断絶」と「日本」という判断基準も、生涯ぶれることはない。

しかし筋が通っていても、今井田家には関係がない。「願う心にかなわなかった」という理由で離縁となる。

ところでその半年前だが、義兄宗五郎が江戸から上ってきて、宣長と松坂で会っている。宗五郎は、父定利の先妻お清の連れ子であるが、この時に兄からは弟に、家はお前に任せるという内々の話が為されたのではないか。つまり松坂に帰れということだ。私はそう見ている。

今井田家を離縁になり松坂に帰ってまもなく、江戸の義兄が没した。独立していたとはいえ、また母とは血がつながっていないとはいえ、本来は小津家の正嫡である。以後は、宣長が小津の家を采配することになる。といって商いではなく、母は息子を医業に進ませることを決断する。

伝統の中にも変遷はある

今井田家から松坂に帰ってまもなくの頃、『二十一代集』を購入した。

本箱には、「寛延四年辛未長月下浣日(一七五〇年九月下旬)、本居栄貞」とある。購求日だろう。金額は「一、廿一代集、廿一、金二両一分」(『宝暦二年以後購求謄写書籍』)、仮に金一両を今の十万円とするなら、二十万円以上になる。宣長が買った本の中では、一番高い本ではないか。

『二十一代集』は、『古今和歌集』から『新続古今和歌集』までの二十一の勅撰和歌集である。勅撰とは天皇の命で編纂されたことを意味する。王室が何代にもわたって詞華集を編む国など、世界中探しても、そんなに多くはないだろう。今では、テキストを手に入れることすら難しくなってしまったが、有名な『千載集』や『新古今集』も含まれていて、日本文学の中でも最も権威があり、影響力の大きかった本だ。

というか日本という国が、それだけ文学を尊重していたのである。

その勅撰集の編纂は歌人だけでなく、地位や教養ある人たちには、大きな関心事だった。一大イベントである。ましてや、そこに一首でも選ばれることは大変な名誉だった。

行くれて　木の下かげを　やどとせば　花やこよひの　あるじならまし

という歌を箙《えびら》に結びつけ一ノ谷の合戦で四十一歳で討ち死にした平忠度にはこんな話が伝わっている。

平家一門の都落ちの後、忠度は六人の従者、童《わらわ》と都へ戻り、和歌の師で勅撰集の選者でもあった藤原俊成の屋敷を訪《おとな》い、自分の歌百余首をしたためた巻物を託した。その後、俊成は『千載和歌集』にその中の「故郷の花」一首を、詠み人知らずとして入れた。これは『平家物語』に載る話である。入った人、落ちた人、様々なドラマが展開した。

そもそも歌は、何かの役に立てようと詠まれるものではないが、歌を詠むことで、ただの感情伝達だけではなく、趣味や価値観を共有しながら一層深いコミュニケーションが可能となった。その歌を集めて新たな美を創出する、それが国家事業として行われたのが勅撰集編纂である。勅撰集は『源氏物語』と共に、日本人の美意識の源泉となったのである。このあたりのことは丸谷才一氏の『日本文学史早わかり』に詳しい。

当時の宣長にとって、『二十一代集』はきっと大変な出費だった筈だが、この本からたくさんの発見をした。中でも重要なのが、和歌は変遷するということである。伝統は連続しても、それは不変ではないのである。物事は変遷する。

またこの本を使って宣長は、松坂の友人たちと『二十一代集』の読み合わせを行っているが、そこからは「係り結びの法則」など国語学上の発見が生まれたのである。今も残る、宣長手沢本《しゅたくぼん》の小口《こぐち》からは、特に『古今集』、『後撰集』、『拾遺集』（三代集）と『新古今集』はずいぶん愛読したことが窺える。

見る位置を変えてみる

無理のないところで結構だが、高いところに登るとよい。気持ちが晴れ、また周囲の景観も平面の地図とは異なり把握しやすくなる。苦手な人もいるが、宣長は、どうやら高所志向であったようだ。

二十二歳、没した義兄の後始末を終えての江戸からの帰り、富士山に登った。七月十二日、駿河国須走の神ノ尾伝左衛門宅で休憩後、七ツ過ぎ（午後四時）から富士登山、その夜は山腹六合目の室《むろ》に泊まる。十三日早朝出立、巳ノ刻（午前十時）頃に頂上に着く。御鉢裏を回って、申ノ刻（午後四時）下山し神尾氏に泊まる。この時の経験が、思いがけぬところで活きてくる。『沙門文雄《もんのう》が九山八海解嘲論《くせんはっかいげちょうろん》の弁』で仏教的な天文説を批判した時に、地が球である説明として、おのれ先年富士山にのほりて、室といふ屋に宿して、朝に日出を望むに、其影さかさまに屋根うらにさせり、四万由旬の上にあらん日の影の、下より上へさすべき理あらんやは

と述べている。何でも経験しておくものだ。ただその前にフレキシブルであることが大切だが。

翌年、上京する。京都では清水寺によく参詣した。

この寺が好きだったことは間違いない。十九歳の上京では一か月の滞在で三回も詣ったのは、もちろん本尊の開帳も理由の一つだろうが、やはり眺望も魅力的だったのだろう。

いつ参りても、たぐひなく面白き所也、本堂の様いと尊し、仏に額づきて、舞台へ出て、四方の景色を望む様、言はむかたなくおかし。男山、山崎のわたり遠く見えて、淀川の流れいと白く見えわたりたり。其外所々の風景いとよし

『在京日記』宝暦七年七月十八日

（いつ来てもとてもよい所だ。なんといっても本堂がすばらしい。ご本尊を拝み、舞台から四方の景色を眺めるのが、この上なく楽しい。男山八幡宮や山崎まで遥かに望むことが出来、淀川の流れが白く見えている。その他の眺めもとてもよい）

同じ二十八歳の時、帰郷直前の九月には、友人岡本幸俊の案内で東寺五重塔に上った。塔の高さは約五十五メートル、木造建築としては日本で一番高い。宣長は最上階五層までだが、鳩の糞に悩まされながら上り、京の町の眺望を楽しみ、塔の内部構造に感心している。

五重塔など本来人が上るものではない。特別の計らいである。岡本の伊勢に帰る友人への餞《はなむけ》であろう。宣長は友にも恵まれた。

宣長の学問業績は富士山に比肩する

富士山絡みの話をしておく。

宣長は富士山を歌にも詠んでいるが、養子大平は宣長と富士山の比較を歌に詠んでいるのでそれを紹介しておこう。

町の郊外、宣長の奥墓のある山室山《やまむろやま》からは、晴れた日には富士山が眺望できた。「山室山の図」という渡辺清《わたなべきよき》の絵があるが、そこには奥墓とほぼ同じ高さに富士が描かれている。大平の歌も同じ趣向である。

一日いとはるかに海のむかひに青雲の上に富士の山見えけるを見て
吾が大人の　たてし功と　此の見ゆる　富士の高嶺と　いづれ高けむ

宣長の学問業績の高さは、日本一の富士山に勝るとも劣らないと言うのである。

宣長と遠眼鏡

よく「虫の目と鳥の目」というフレーズを耳にする。どちらか一方ではなく、両方をバランス良く兼ね備えていることが大切ということだろう。

宣長はその両方を自在に行き来することが出来た人だ。高いところが好きなのも、地図が好きなのも全体把握が出来る、つまり鳥の目になれるからだろう。一方で、細かな考証はお手の物だ。

しかしどれだけ細かいことを考えていても、全体の中での位置づけは見失わない。注釈や本文校合とは、重箱の隅をつつくような細かい仕事のように見えるが、全体の流れの中で一々の意義付けを考えていかないと本文を読むことは出来ない。それは分かっていても、実際に注釈をすると、全体の中での位置づけはどうしてもないがしろにされてしまう。それでは研究としては完成しない。

それが出来ているのが宣長の古典研究の強みである、魅力でもある。

さて鳥の目を瞬時に虫の目に転換してしまう新兵器が、宣長の時代に登場した。遠眼鏡である。『好色一代男』では、まだ子どもの世之介が覗きに使用するくらいだから、江戸時代初期からはあったが、宣長の頃になると、広く普及し、国産の優れたものも登場してきた。

宣長もきっと覗いているはずだ。四十三歳の吉野飛鳥の旅（『菅笠日記《すががさのにっき》』）では、伊勢富士の名を持つ堀坂《ほりさか》山の峠《とうげ》から自分の住む松坂の町を眺めた描写があるが、どうやら遠鏡《とおめがね》（望遠鏡）を使用しているようだ。

また、十九歳、七十二歳の両度、大坂で高津宮に参っているが、ここは大坂の町が見下ろせる場所で、宣長の記述には出てこないが、貸し望遠鏡もあったという。望遠鏡といえば、『古今集』の俗語訳をした本に宣長は『古今集遠鏡』という書名を付けていて、端書きで遠鏡の威力に触れている。堀坂峠からの眺望といい、実見していないとなかなか書き得ない描写である。

その頭の中のデータベースには、既に京都や難波、飛鳥や伊勢平野の地図は入っている。そこで起こった歴史の流れも、いつでも再生できる。それを実際に眺め、位置関係を確認し、知識を訂正しながら、歴史や物語の場面を思い描くのである。

家の経済

豊かな環境で、豊かな心や教養は培われる。

ここでは形而下的な問題、家の財政事情について触れてみたいと思う。

近代の宣長研究は、村岡典嗣《むらおかつねつぐ》の『本居宣長』から始まった。この本で村岡氏は、宣長の受けた教育は、当時、中流以上の家庭一般の教養として完全に近かった、と評している。以後の宣長研究もみなこれにならう。

ところが宣長の回想は少し違うようだ。「我が家は、曾祖父道休の時代から家は富み栄えていたが、私が子供の頃には、財産もだんだん減っていき、貧しい暮らしだった」（『家のむかし物語』）と言っているのだ。

充分な教育と経済的な困窮は果たして両立するものだろうか。修学を中心に、もう少し詳しく見てみよう。

手習いは八歳から開始した。西村三郎兵衛が先生で、いろは、仮名文、教訓の書。

また商売往来。成長するにつれて師匠も代えながら「四書」や「千字文」、また十二歳からは謡《うたい》も習っている。謡曲は全部で五十二番習った。謡は中国や日本の古典や逸話の宝庫だから、ずいぶん役に立ったはずである。

この履歴を見る限り、貧しいとはいっても、それは最盛期に比べれば、という但し書きが必要なことがお分かり頂けるだろう。

たとえば十九歳の春には、四十日間の上方旅行を行い、弓道や茶道も習った。浄土宗の重要な秘儀「五重相伝《ごじゅうそうでん》」も受けている。

十九歳から二年間、一応養子として山田（伊勢市）の今井田家で世話になるが、養家の思いはともかくも存分に勉強できた。遷宮の行事を見学しながら、初めて和歌の指導をうけ、「五経」を学んだのも、また初めて『源氏物語』を読んだのもこの時期である。

二十三歳から、京都で学ぶが、師事した堀景山や武川幸順への授業料も高額である。最初に寄宿した堀景山塾のは不明だが、医術を学んだ幸順塾のは細かく判明する。その額は、庶民が支払ったものとしては最高レベルだそうだ。

すばらしい師に巡り会えたのも、もちろん事前のリサーチが充分為されていたこともあるし、運がよかったこともある。しかしそこには経済もまた影響を及ぼしていたことは念頭に置いておく必要がある。

宣長サイドから見るだけでは不公平なので、家族の様子も見ておこう。

在京中のことだが、母は息子への手紙で家の経済の苦境を吐露しながらも、宣長の妹のお俊の琴を誂《あつら》えるように依頼している。母の言い分は、「琴を習い始めたが、やはり自分のものがないと上達しないと俊が言うので」とのこと。さっそく宣長は琴を手配して松坂に届けられ、みな満足した。やがてお俊は嫁に行き、琴だけが家に残された。それは高弟の三井高蔭が譲りうけ、現在は東京の三井文庫に伝わっている。なかなか立派な琴である。

また母は言う。私の白粉はやはり松坂のものではだめだから、烏丸通にある井上という店の上白粉を送ってほしい。金額は金二両のもので、量は半分程とある。今の貨幣価値なら十万円近いかもしれない。

暖簾を下ろしたとはいうものの宣長の家は、松坂経済の一翼を担う名門小津家という矜持を持ち続けていたし、その程度の財力はあったのだ。

豊かな教養には、その程度の豊かさが必要なのだろう。といってもそれはただ経済的なものだけではなく、無形のものにも出資できる、心の豊かさなのかもしれない。

京都と松坂の距離

松坂と京都は、東海道、鈴鹿峠越えで普通に歩いて三日。早駕籠なら二日といった距離である。実際に北村季吟という歌学者はこの駕籠で京都に帰っている。

しかし距離以上に気持ちの上では二つの町は近かった。

季吟が松坂に来たのは、豪商が古典や和歌の指導のために招いたからだが、このように裕福な松坂では京都から先生や画家を招く、あるいは向こうからやってくることがよくあった。文化の最前線京都からの直輸入である。流行などもいち早く伝わってくる。このあたりのことは宣長の「伊勢国」に書いてある通りだ。

また三井高利が江戸と同時に京都に店を構え、やがて本拠地を京都に移したことからも分かるように、松坂商人の夢は江戸店持《えどだなも》ち京商人《あきんど》になること、であり、もう一つが信仰面でのつながりである。

宣長の生まれた小津家も、母の実家村田家も樹敬寺の大檀越《だいだんおつ》だが、この寺は総本山知恩院との関わりも深く、十九歳の上京時に知恩院に参詣した時には、通誉上人の墓に参詣、御座敷を拝見して大僧正より十念を授かっている。この破格の待遇も樹敬寺の紹介があったからである。

宣長の京都評

京都は学問の府でもある。宣長もこの町に憧れた。その京都評を見てみよう。

江戸や大坂は騒がしすぎる。それに比べると京都は適度に賑やかで、しかも数多くの社寺があり、歴史の重みも各所に感じられる。住んでいる人も良いね。わきまえがあり、趣味も良く、全てに雅が感じられる。お前が住んでみたい場所はどこだときかれたら、色々考えることもあるが、やはり京都が一番だね。

『玉勝間』「おのが京のやどりの事」

（「天の下三ところの大都《オオサト》の中に、江戸大坂は、あまり人のゆきゝ多く、らうがはしきを、よきほどのにぎはひにて、よろづの社々寺々など、古のよしあるおほく、思ひなしたふとく、すべて物きように、よろづの事みやびたるなど、天下に、すままほしき里は、さはいへど京をおきて、外にはなかりけり」）

絶賛である。『源氏物語』といい、好きなものはとことん好きというのが宣長である。とは言ってもただ憧れていますという単純なものではない。徹底的に調べるし、また歩く。

京都の魅力を分析する

物語や和歌の世界にどっぷりと浸かりながらも、冷静に観察し分析することが出来た、つまり覚めた目も併せ持つことが出来た宣長は、大好きな京都についてもその魅力を分析する。

『都考抜書』は、歴史や文学の舞台となった京都の地名を鍵に、文献という時間の蓄積の中から、その場所の記憶を立ち上げる試みである。

ここではどんな時間が流れたのかを探るのである。

ヴェンヤミンに、パリの町を文献で再構築する『パサージュ論』があるが、宣長の

『都考抜書』は、京都版『パサージュ論』である。この前後には京都や御所周辺図も写していて、ここでも時間と空間の中の位置づけで情報整理が為されている。そうして街の構造やそこに流れた時間、醸し出される空気を感じながら自分の感性を鍛えていく。

その京の町に君臨するのが天皇と公家、そして寺院である。その人々により営々と守られてきた文化の連続性については、既に十五歳の時に写した『職原抄支流』で学んでいる。

『源氏物語』の世界が息づくこの町が、宣長の美意識や価値観を鍛えたのだ。

宣長の記録に残る最初の上京は十六歳の春二月、この時は北野天満宮に参詣した。

次は、先に触れた十九歳の四十日に及ぶ京、大坂旅行だ。

二十三歳の正月には、祖母の村田元寿のお供で上京。知恩院の御忌《ぎょき》法要を拝見、他の社寺も参詣して二月四日にいったん帰宅し、三月五日に今度は一人で上京、五年間に及ぶ修学がスタートする。

先に引いた宣長の京都評は、実は最後の上京、享和元年夏の後に書かれたものである。この時の滞在地となった四条烏丸には今も古ぼけた「鈴屋大人偶講学跡」という碑が立っている。

五年半を過ごした景山や幸順の町は烏丸通の向かい側、「本居宣長先生修学地」の碑が立つ堀景山宅跡まで指呼の間である。

Ⅱ

宣長、上京する

◉Ⅱ章は、京都での夢のような五年半である。

◉二十三歳で、京都に行き、儒学者・堀景山に師事した。このすばらしい師の下で五年余を過ごしたことは、その学問観、人生観にも計り知れない程の影響を及ぼしたことであろう。『在京日記』に描かれた先生や友人と過ごす京都での日々は、実にのんきである。しかし、このような中でこそ、人は試される。契沖《けいちゅう》の『百人一首改観抄』を読んだことが契機となり、日本古典の研究に勤しみ、その学問はぐんぐんと成長していく。この頃の関心事は、もっぱら「和歌」と『源氏物語』にあった。

光を包みたる人の下で

江戸にいた義兄が没して、後始末も済ませ、富士山に登り帰郷した翌年、念願の京都修学が開始される。宣長二十三歳。

「田舎の学問より都の昼寝」とはよく言ったもので、これからの五年半の京都生活で宣長は一変する。医者になるという目標が定まったこともあるだろうが、なんと言っても良き師と巡り会うことが出来たこと、これに尽きる。

宝暦二（一七五二）年三月上京、母の縁戚・村田家の紹介で、綾小路室町西入るの儒者・堀景山に入門する。尾張徳川家に仕えた儒者・堀杏庵の曾孫で、儒学者としては名門。当時は安芸国広島藩浅野家に仕えていた。

たまに藩主から呼ばれて広島にも赴くが、多くの時間は京都で過ごし、漢籍の講釈もするが、なんといってもその本領発揮は、行楽や平家琵琶、鴨川畔の別邸での宴であった。宣長の『在京日記』にはその楽しかった日々がつぶさに記録されている。

「味噌の味噌臭いのと、学者の学者臭いのは鼻持ちならぬ」とは『不尽言《ふじんげん》』の一節だが、まあ普通の学者ではない。

本当に偉い学者は本など書かなくてもよいのか、景山は『不尽言』くらいしか残していない。『楽教訳解』という本もあったというが、読む人も、また写す人もいなかったのか、今は伝わっていない。

だが町の人はよく見ていた。本当は偉い学者らしいと。それが「光を包みたる学者」（『文会雑記』）という評価である。夏目漱石の、「偉大なる暗闇」とよく似ているが、この儒学者は、宣長の登場で歴史に名前を残すことになった。傍《そば》にいた弟子が輝いたことで、秘めていた光の存在が明らかになったのである。これもまたパールネットワークである。

宣長は、景山塾で学問の世界に一歩を踏み出した。

契沖の学問に出会う

上京して間もなく、契沖の『百人一首改観抄』を借りて読んだ。小倉百人一首の注釈書であるこの本を読んで迷いからいっぺんで目が覚めたと回想している。たちまち契沖学の虜になったのだ、いったい何がそんなにすばらしかったのだろうか。
宣長所蔵の「改観抄」には、端正な字で、

契沖ノ説ハ證拠ナキ事イハズ

と書き込まれている。また『排蘆小船《あしわけおぶね》』では、

近代難波の契沖師此道の学問に通じ、全て古書を引証し、中古以来の妄説をやぶり、数百年来の非を正し、万葉よりはじめ多くの註解をなして、衆人の惑いをとけり。その著述多けれども、梓行せざれば、知る人まれなり。おしいかな
（近代になって大坂の契沖先生は和歌の学問に精通しておられ　古典籍を証拠にそれまでのいい加減な説を論破し、『万葉集』などたくさんの古典の注釈を書いて、人々の誤った認識を改めさせた。著書は多いのだが、出版されなかったので、世に知られていないのが残念である）

と契沖の学問を絶賛している。

『百人一首改観抄』を探し求める

出版されることの少なかった契沖の本だが、わずかな例外が『百人一首改観抄』であった。

刊行はされたが、契沖の学問のすばらしさにはほとんどの人は気付かず、あまり売れなかったようだ。

「からくして得た」(苦労して買った)という宣長の回想を聞いてみよう。

借りて読み、ぜひ欲しいと思った宣長は本屋に行って「改観抄」が欲しいと言ったら、ないと言う。出版されているのにどうしてだと聞くと、売れないから仕方ないとの答えである。それでもあきらめきれず、探してようやく手に入れることが出来た。

この苦労話を裏付けるのが、本の値段である。

ようやく入手したのは、借りて読んでから約四年後、宝暦六(一七五六)年十二月であった。

もちろん古本だろう。値段は九匁五分。五巻を二冊に製本し直した本だが、紙数は全部で百四十八丁、つまり二百九十六ページである。そんなに厚い本ではないが、値段は高い。余り比較にはならないが、直前七月に買った『先代旧事本紀《せんだいくじほんぎ》』、と『古事記』は八冊で十匁二分。十月に買った『万葉集』は二十冊で三十五匁。何れも嵩物《かさもの》でボリュームが違う。同じ契沖でも、宝暦九年閏七月に買った『和字正濫抄《わじしょうらんしょう》』は五冊で二百丁余りありながら七匁八分である。「からくして得た」と書いているが、実感が籠もっている。

さて、では誰がこんな珍しい本を貸してくれたのか。

宣長は書いていないが、間違いなく景山先生である。実は先生は「改観抄」出版の立役者の一人だったのである。

伊勢からやってきた頭の良さそうな弟子が日本古典に興味を持っているのを見て、価値が分かるかなと試してみたのかもしれない。見事に試験にパスしたので、景山はつてを頼ってこの弟子のために契沖の稀覯書《きこうしょ》、『勢語臆断《せいごおくだん》』（『伊勢物語』の注釈書）や『古今余材抄《こきんよざいしょう》』（『古今集』の注釈書）を探してくれた。宣長は一所懸命にていねいに写した。

契沖でさっそくに目が覚めた

宣長を古典研究の世界に導いた契沖とはいったいどういう人か。

契沖は、寛永十七（一六四〇）年に生まれ、元禄十四（一七〇一）年に亡くなった。宣長よりほぼ百年前の人である。出身は摂津（大阪府）、出家して真言宗の僧として高野山で修行し、室生寺、また大坂生玉の曼陀羅院住職となったこともある。清貧の人で、仏教書や和漢の古書に精通し、『勢語臆断』や、『古今余材抄』、仮名遣い研究で優れた業績を残した。中でも、水戸徳川光圀の命で執筆した『万葉代匠記』（『万葉集』の注釈書）は『万葉集』研究史上画期的な業績であった。

こゝに難波の契沖師は、はじめて一大明眼を開きて、此道（歌学）の陰晦をなげき、古書によつて、近世の妄説をやぶり、はじめて本来の面目をみつけえたり

『排蘆小船』

先ほど引いたのとおおよそ同じ内容だが、「本来の面目」というところは大事だ。単なる解釈というレベルの問題ではない、古典が持つ絶対的な価値に気付いたというのである。

古典といっても色々あるが、和歌や物語は趣味的なものとして扱われることが多かったがそれは間違いだ。また和歌や物語を読み人間としての道を悟るのでもない、もっと人間の根源に関わるものであるのだ。

そのことに契沖は気づき、それを宣長も理解したのである。

学問が秘事口伝といって、師匠から伝授されるものであり、批判を許さなかった時代において、契沖の学問はまったく違ったのだが、しかしその本が手に入らなくてはどうしようもない。主著である「代匠記」など八方手を尽くしたが、読むことが出来たのは、巻頭部分（『枕詞抄』）だけであった。

そこで考えた。本は出版されねばならないと。

宣長は経験に学ぶ人である。

景山と宣長

景山は朱子学者である。朱子学というのは、厳格な体系を持つ学問であるが、それは横に置いても、『不尽言』を読む限りこの先生は徹底した中華思想である。中国を正中《まんなか》の国と貴び、たとえば、

元来文字と云もの、神妙不測なるありがたき物にて、天地の間に一日もなくては叶はぬもの也。今もし文字なくば、万事闇の如く、何を云ても証拠なく、ひとつも埒はあくまじきとおもはるる也。さてこそ中華は天地の正中の国にて、正しき国ゆへに、神妙なる文字出来たる事也。その本は凡人の私慮巧造《しりょこうぞう》より出来たるものとはおもはれぬ也

まるで、文字を持たない日本など未開の国と言わんばかりである。文学では、朱子学的な勧善懲悪説こそ取らないが、たとえば恋の歌も、夫婦の道で折り合いを付ける

など不徹底な議論に終始する。

よくまあ宣長の考え方とは反対のことばかり言うものだと思うが、それは逆だ。どうやら、景山の説への批判が、宣長の学問なのである。別に宣長は景山説を批判するつもりはないのだが、先生の説く所がごく普通の朱子学者の説だったので、儒学、朱子学を批判すると、まるで景山を批判しているように見えるのである。

堀景山という先生は大変不思議な人である。朱子学者と簡単に言うが、実際に『不尽言』を読むとどんな人なのかよくわからなくなる。だがその人のもとで青春を謳歌する弟子宣長との関係は、もっと不思議である。

弟子をよく見ている良き師

宣長にとって景山は本当によい先生だった。実によく弟子を見てくれていた。

契沖の学問へ誘ってくれただけではない。たとえば、自分の書き入れた『春秋左《しゅんじゅうさ》氏伝《しでん》』を貸し、写させてくれた。「五経」という儒教の経典については今井田家のところでも話したが、その一つ『春秋』の注釈が『春秋左氏伝』である。

堀家はこの本の研究では名門であった。そんな堀家にとって大切な本を、弟子に貸してくれたのだ。宣長はそれをもとに自分の「左伝」を直していく。訓点の間違いを一々胡粉で消して訂正したり、説を書き入れたりと、根気の要る作業である。ほぼ四年がかりで二十七歳の六月に終了した。翌月には、『日本書紀』の契沖本での校訂も完了しているが、これは景山から頂いた本である。自分が中断した校訂を完了するなら、お前の持っている本と交換してやろう言ってくださったのだ。『先代旧事本紀』と『古事記』をセットで買ったのは同じ月のこと。

つまり中国の歴史書『春秋左氏伝』と、日本の正史『日本書紀』をていねいに読んで、その後いよいよ『先代旧事本紀』と『古事記』に移っていく。『古事記』研究の準備としては、最も望ましい流れと言えるだろう。その要となるところに景山がいるのである。ひょっとしたら、『不尽言』に見られる景山の文字論が、宣長を『古事記』に向かわせたのかもしれない。

ちなみに、『古事記伝』はその書名や注釈の形式は、『春秋左氏伝』に倣ったものではないかという説がある。

歴史の深さ、面白さ、それを読み解く透徹した人間観を、景山はきっと持っていたのだ。弟子と遊びほうけているような日々の中にこそ、その片鱗は窺えたのだろう。講釈や著作とも無縁な京雀だからこそ、町を歩いている姿に、大納言のような威厳や風格はなかったかもしれないが、優れたものを敏感に感じていたのだ。

門人で、それが分かったのは、宣長一人だった。

京都の日々

堀景山塾の五年半が『在京日記』に記されている。

この「日記」、不思議なことに楽しかったことしか書かれていない。究極のプラス思考である。前に本当に悲しい時は無口になると言ったが、そもそも悲しいことや嫌なことなど書かないのだ。ここで思い出すのが、フランス文学者・辰野隆である。

彼の留学譚の、どこまでが本当なのかと書いたのは、もちろん嘘が臭うという意味ではない。いやな、苦しい体験もたくさんあったはずだが、それは言わない。報告しない。うーん、面白い、といってもらえそうなことだけを披露する。その、猛烈といいたいほどのサービス精神のせいで、ただもう指をくわえて羨むほかない贅沢三昧の留学生活と見えてしまう。七十何年も昔の東洋人のパリ留学となれば、それなりの傷を負わずにはすまなかったろうに。私が言いたいのはそのことだ

『辰野隆　日仏の円形広場』出口裕弘

『在京日記』三冊の表紙には、それぞれ「上、一」、「上、二」、「上、三」とある。「上」は奉るだろう。いったいこんな日記、誰に奉るというのか。また、各冊にはそれぞれ何か所か切断抹消された形跡がある。この理由も分からない。想定される読み手は母だろうか。あるいは、ひょっとしたら、宣長からの後世の私たちへのプレゼントなのかもしれない。

では私たちも、堀景山塾での楽しかった五年半のお裾分けを戴くことにしよう。

宣長が最初滞在したのは景山宅。途中で医者の先生である武川幸順宅に移る。幸順も景山の弟子で、住まいは景山宅のすぐ傍である。二人の家は、現在の四条烏丸交差点から徒歩五分、京都の中心である。ここからは鴨川、祇園、また八坂神社から高台

寺、知恩院、南禅寺など東山も近い。

地の利、また先生や仲間の薫陶よろしきを得て、春は正月の御所での行事に明けて、知恩院の御忌法要、花見、夏は葵祭に祇園、鴨川納涼に大文字の送り火。秋は月見に紅葉狩り、冬は南座の顔見せと大忙し。その間を縫って乗馬を楽しみ、清水寺の舞台から眺望を楽しみ、活け魚料理や田楽、人形浄瑠璃、落語と楽しみは尽きることがない。もちろん、勉強も猛烈にしていたはずだが、それについては『在京日記』には講釈や会読以外はほとんど記されていない。

平曲をならう

景山先生は歴史が好きで、また「平曲」を得意とした。

平曲とは琵琶に合わせて『平家物語』を語ること。起源ははっきりしないが、平安時代からいた琵琶法師が、鎌倉時代になって『平家物語』を新曲として採用したことに始まるのではないかと言われている。『徒然草』には生仏が最初だと書いてある。

さて、宝暦六年正月九日夜、宣長（二十七歳）は友人の山田孟明宅を訪れた。先客がいた。景山先生や横関斎《よこせきいつき》である。しばらくは高尚な話に打ち興じていたが、やがて平曲が始まり酒が出てきて賑やかな会となり、結局お開きは夜更けとなった。

堀先生は、前から平曲を得意とされていたが、横関斎、山田の二人は、去年の春から一生懸命に稽古して、めきめき腕を上げて、冬に開かれた会にも出るほどにまでなった。やつがれ（私）も少々は語れないと思いちょっと習ってみたが、とても難しいものだ。平曲は古の雅が感じられて、情感が溢れ、興味深いものだが、私はもとより声音悪しければ、三重などはとても無理で、中音を少し習ったに留まった。それにしても平曲は比較するものがないほど面白い物である。琵琶の音は殊更だ

これは宣長の『在京日記』の一節。この後に孟明が横関に贈った詩と、それに唱和した宣長の狂詩が載せられている。そこには、人が寝静まった夜更け、宣長が一人で苦労しながら声を張り上げ稽古する様子が描かれている。

さて、この記述で気になるのは、「我もとより声音悪しければ」だが、先に書いた

ように、音痴というより高い声が出なかったのかもしれない。「中音を少し習った、三重はとても」と言っているが、この「三重《さんじゅう》」は音階も一番高く曲折も多くて、秘伝書には「三重は鶴の晴天に舞うが如く澄み渡るように語るべし」とある。どうやら宣長には鶴が晴天に舞うような澄み切った声は出なかったらしい。平曲の面白さにとりつかれ修業はしてみたものの、結局は物にならなかった失敗談である。

ただ声を出すことは嫌いではなかった。子どもの時に謡曲を五十一番習っているし、歌舞伎や浄瑠璃も実は好きだった。何より歴史が好きだ。このあたりの嗜好は師の景山と見事に一致する。

宣長の出発点「好信楽」

京都時代の宣長は、自分の興味の対象を「好信楽《こうしんらく》」という三文字で表現している。これは、宣長が儒学の勉強もそっちのけで仏教書などを読むことを非難した友人への反論の中に見える言葉である。宣長は言う。私が仏教書を読むのはそれが好きだからで、それ以外のものでも同じことだ。

宇宙のあるところ、ゆくとして、好み信じ楽しまざるは無し

宝暦七年三月某日、上柳敬基宛書簡（原漢文）

仏教や儒学だけではない、諸子百家の学問だろうが、歌舞音曲のように君たちが卑しむようなものでも、天地万物あらゆるものから、分け隔てすることなく、自分が好きな事を選び、それを信じ、そこに楽しみを見いだすのだと言う。人からの指示で勉強するのではない。自分の関心の赴くままに、好きなことを思う存分追求する。これが宣長の学問の方法であり秘訣である。この態度は、時代は離れるが博物学者・南方熊楠《みなかたくまぐす》の、

宇宙万有は無尽なり。ただし人すでに心あり。心ある以上は心の能うだけの楽しみを宇宙より取る。宇宙の幾分を化しておのれの心の楽しみとす。これを智と称することかと思う

明治三十六年六月三十日付・土宜法竜宛書簡

とも共通するものがある。

当時の宣長のノート『本居宣長随筆』や『和歌の浦』や『雑抄』などを見ると、猛烈に勉強していることが分かる。「魏志倭人伝」、『荘子《そうじ》』、『本草綱目』、『遊仙窟』など漢籍はもちろんのこと師・堀景山の著書や、津の谷川士清の『日本書紀通証』、多田南嶺など新しいものまで実に様々な本を読み、それを細かい字で抜き書きしている。勉強が楽しくて仕方ないという感じだ。この時期のノートからやがて歌論『排蘆小船』や外交史論『馭戎慨言《ぎょじゅうがいげん》』などたくさんの著作が生まれてくる。

宇宙を駆け巡ると豪語する旺盛な好奇心を満足させたのは、もちろん堀景山塾の自由な学風であった。晩年宣長は、学問を始めるにはよく師を選ばないといけないと書いている。普通は賀茂真淵のことと解されるが、景山でも一向にかまわないと思う。「いい先生だった」。これは実感であっただろう。

才能を浪費していないか

景山塾でも宣長は仲間からの質問に刺激を受けて考え続けている。

ある時、友人に対してこんなことを書き送っている。

僕の好む所、文辞よりも甚だしき者あり。和歌也。啻《ただ》に之を好むのみならず、亦た之を楽しみ、殆ど寝食を忘る。足下の和歌を好まざるは、其の楽しみ為《た》るを知らざる故也。請ふ嘗《こころ》みに足下の為に和歌の楽しみを言はん。心を和に遊ばしめ、而うして物に大同し、六合に横たわりて、而うして逆らふ物無く、宇宙万物は、猶藩牆《はんしょう》の物の如き也、心に任せて致さざるなし

私は漢詩や漢文を作ったりするより好きなものがある。歌を詠むことだ。好きなどころか、楽しくてならないので寝る間を惜しんで歌を詠んでいる。あなたが歌についてとやかく言うのは和歌のことを知らないからだ。あなたのために少しこの面白さをお話ししたいがいかがか。

心を和ませ、物と一体化することが出来、それは全宇宙におよぶ。そこには何も妨げる物はなく、全ての物が自分のテリトリーとなる。

心の赴くままに自由になるのだ。

宣長は友人を説得しようと、和歌とは何かを考えている。自分がなぜ和歌に引きつ

けられるのか分析しようと試みている。

質問者はふと思いついて聞いただけかもしれない。受け手の宣長の力がそれをすぐれた問題提起にした、というのが真相だろう。

『在京日記』に登場する景山塾の仲間には、才子も多かった。中には宣長が舌を巻くような人物もいた。しかし塾を出てから彼らがどのような人生を歩んだのかは杳《よう》として知れない。

別に、歴史に名を残す必要はない。だが徒《いたずら》に才能を浪費していたとしたら、それは残念なことだ。景山塾に集う彼らは、きっと頭のよい集団だったのだろう。だが、残念ながら信念や志を持っていなかったために、その能力を活かす方法を知らなかったのである。

母の強さ

このように「在京日記」は楽しいこと尽くしだが、その逆が母の書簡である。全部で六十八通が伝わる。宣長二十五歳から二十八歳、勝は五十歳から五十三歳。筆跡は流麗で達筆。内容は、健康を気遣い、また洗濯や仕送りの件をはじめ、家計や家族や親戚とのつき合いなどに家事全般をくどくどと書く。子どもたちへの愛情の深さと共に、家長としての宣長を立てながらも、家政全般に優れた手腕を発揮していたことが窺える。

それにしても母・勝は強い。一流の先生に師事したから学費もかさむ。小遣いもいる。

実際に、仕送りの思うに任せぬ時もあった。にもかかわらず、来年には帰国するという宣長に、宝暦六年三月六日付書簡で、「われら心には、今二三年も其御地にいられ候やうに致し度候」と言い送る。もっと勉強しろ。この年、既に四年目となり、宣長も二十七歳である。三十歳までの修業は予想していたというのであろうか。

盃三杯以上酒を飲むな

子を気遣う母だけに、その不徳に対しては厳しい。宝暦四（一七五四）年七月二十三日付書簡では、「おやの事もさだめてわすれゐ申され候哉」、親を忘れたのかと、用事がある時しか手紙を書かないことを叱る。

また同六年六月十日、宣長（二十七歳）は母方の親戚・村田伊兵衛に招かれ、木屋町の座敷で嘉大夫浄瑠璃、豊山大和の弟子縫殿の「阿部の安名が小袖物くるひの段」、彦六演じる上り船そろま物まねを楽しみ、十八日、伊兵衛らと安井前の藤代屋別宅で神輿洗いの練物見物をしたが、どうやらこの時調子に乗って飲み過ぎたらしい。七月十九日、母から怒りの手紙が届くことになる。そこには「さかづき二三つよりうへたべ申されまじく候」とあった。盃三杯以上飲むなという厳命である。友だちから無理に勧められたら、遠方から母が見ていますからと言って断れとも言う。

師の景山から宣長は書を二幅戴いている。その一つ「春思」を紹介しよう。詩は『唐詩選』に載る。

春思
紅粉して壚《ろ》に当れば弱柳垂れ　金花の臘酒、酴醾《とび》を解く
笙歌日暮れて能く客を留め　酔殺す、長安軽薄の児

お化粧して客を待つ長安の妓女、浮かれ歩く書生たち。その姿は、時空こそ遠く隔たっているが、祇園をそぞろ歩く宣長の姿であったろう。師の見事な餞である。

そこからは、楽しくないとだめさ、それに学問は歴史にきわまるぞという景山の声が聞こえてくるようだ。

景山の死

青春の日は暮れやすい。

京都での修学を終え帰郷しようとした矢先、恩師・堀景山が没した。享年七十歳。

この師から、宣長は大切なことをたくさん学んだ。契沖の学問もその一つだが、なによりのびのびした環境の中で五年余を過ごしたことが、その人格形成にとって計り知れないほどプラスとなったことは言うまでもない。

十一歳で父と別れ、失意の内に過ごしたその後の十一年間。溜まった鬱憤は、景山塾で全部晴らされた。

景山塾は宣長にとって異文化交流のようなものだったかもしれない。歴史や古典という接点はあるとはいうものの、師の思想の根底は朱子学であり、それは宣長にとって大いに異論のある所であったはずだが、深刻な対立どころか、一緒に浮かれ歩いている。また、あれだけ楽しんだはずの酒も、帰郷後は冠婚葬祭以外、たしなむことはなかった。エピキュリアンとしての顔は京都に置いてきたかのような豹変振りである。

景山には、宣長以外に門人も多かったはずだが、みな師との楽しい思い出だけを持って国に帰り、やがてはそれさえ忘れて、医業か儒学か分からないが、家業に勤しんだのだろう。景山の名前も功績もどこにも残らない。いや宣長の記録や回想にすら、景山の名前を探すことは決して容易でない。

だが、書斎鈴屋の床の間には、賀茂真淵の命日以外は、景山からもらった書が掛けてあったという。また、最後の上京となった享和元年の宿舎は、綾小路室町西入にあった景山宅から五分と離れていない場所であった。宣長の、師への感謝の念の深さを思う。

景山という人の存在は、学問とは無縁の町衆がその気配を感じ取った位で、あとは宣長以外は、誰一人として意識することはなかった。

宣長が伊勢からやってこなかったら、光は外にもれることなく、その存在は歴史の彼方に消えていった筈だ。

景山は、ひょっとしたら、宣長のために生まれてきた人ではなかったか。

逆に師は、宣長という存在に出会い、朱子学者であった筈の自分とは別の、もう一人の自由で自在な我が身に気づいたのかもしれない。

そんな馬鹿なことはないと思うだろうが、歴史の中には、確かにこのようなことが存在するのである。それが出会いである。

これが人間が生きること、人と出会うことの尊さではないか。

III

宣長のノート

◉Ⅲ章では、京都から帰郷した二十八歳の冬から賀茂真淵との対面がかなった三十四歳までを中心に取り上げる。この時期の宣長の思索を窺う材料として、「ノート」を選んでみた。

◉二十八歳で帰郷して医者を開業した宣長は、翌年には嶺松院歌会《れいしょういんかかい》に加入、仲間を得て、やがて『源氏物語』講釈を開始する。昼間は医者、夜は学問という生活が始まる。

◉嶺松院歌会参加の準備か、京都で『和歌の浦』第五冊というノートを書きながら温めてきた和歌とは何かという問題への解答となる『排蘆小船』を執筆する。

◉知人からの藤原俊成の歌について質問され、それがきっかけで「物のあわれを知る」という説を発見する。

◉帰郷する一年ほど前に入手した『古事記』について考えあぐねていたとき、賀茂真淵の『冠辞考』を貸してくれる人がいた。繰り返し読む中で、『古事記』解読への志が固まってきた。どうしても一度、真淵に教えを請いたいという願望をいだきはじめた。

◉だが、不思議なことに、まっすぐに『古事記』という目標に向かわない。きっとそれだけ重要な決断であったということだろう。宣長の思考の複雑さはその頃のノートにも表れている。

◉三十一歳の九月に宣長は結婚するが、三か月で離婚。三十三歳の正月、津藤堂藩の侍医・草深玄弘の娘・たみと再婚。たみの兄は景山塾時代の友人。たみは義母の名をもらい勝と改名し、翌年二月、長男・春庭が誕生する。二十代後半から三十代前半の宣長の身辺は多事多端であった。だがそれ以上に頭の中はめまぐるしく回転していた。

宣長は散歩したか

「宣長先生の四五百《よいほ》の森行き」という伝説が伝わっている。

開業したものの患者から声もかからないので先生は薬箱をぶら下げて四五百の森を散策して時間をつぶしたというのだ。

四五百の森は、宵の森ともいい、松坂の町ができる前から、参宮街道を旅する人には月やほととぎすの名所として歌や詩にも詠まれていた。坂のない平坦な松阪の市街地では、唯一の小高い山であり、巨樹が茂る中に本居宣長ノ宮や松阪神社が鎮まるこの森は、今も市民には散策の場所として親しまれている。

このように宣長先生が歌を詠んだり、また本のことを考えて散歩するには恰好の場所ではあるが、残念ながら一つ問題がある。森の一角に蒲生氏郷が松坂城を築いたことで立ち入りは厳しく制限され、一介の町医者がブラブラ歩き回れる所ではなかった。

しかし松坂の人は、神々も宿るこの場所を歩いたので宣長先生は賢くなったのだと信じたかったのかもしれない。

今も町の画家や歌人たちはこの森を歩きひらめきを得るという。歩く時間は思索の時間でもある。散歩するゆとりはなかったと思うが、薬箱を提げ歩きながら、歌のことや『源氏物語』について考え続けたはずである。

年が改まり二十九歳の春、宣長は嶺松院歌会に加入する。

『排蘆小船』の字はなぜ小さいか

この頃、宣長は『排蘆小船』という本を書いている。内容は、和歌とは何か、人はなぜ歌を詠むのかについての考察である。

『排蘆小船』の字は小さい。執筆には罫紙が使用された。一行に二行を書くという読書ノート『本居宣長随筆』に似た、著作としては異例な体裁である。問答体というスタイルから、自問自答しながら考えてみた時のメモかもしれない。体裁はメモ風だが、内容は独創的で、論理の破綻もなく、良くまとまっていて、最初の著述として高く評価されている。書きさしのままで終わったので、執筆年次は不明だが。『和歌の浦』第五冊の発見で、京都修学期の最後くらいか帰郷後かというところまではほぼ絞り込めるだろう。流れとしては、京都での刺激的な日々の中で書いたと考えるより、帰郷して、松坂の嶺松院歌会に加入する前後に、なぜ歌を詠むのかということを自分なりに考えたものではないかと推定しているがいかがなものだろうか。

では、なぜ執筆を中断したのか。一番大きな要因は、決め手となるものがまだ見いだせていなかったためであろう。では決め手とは何か、それが「物のあわれを知る」という言葉であった。この言葉との出会ったのが二十九歳の五月、「安波礼弁《あわれのべん》」である。この執筆が『排蘆小船』執筆中断の原因だったのかもしれない。

求める心があれば、偶然は必然となる

宣長が加入した嶺松院歌会は、菩提寺樹敬寺嶺松院で、既に二十八年間も続いていた歌会である。当時は月二回、十一日と二十五日、午後の時間が充てられた。自分たちの歌を詠み批評するだけでなく、古典和歌を使った「新古歌合」のような遊びや、所蔵の歌書を持ち寄り自慢したりするという、松坂の町人の高級なサロンでもあった。

会の発起人には村田家や小津家の人もいて、世代交代はしているとはいっても、宣

長には居心地の良い場所だったろう。会の中心的な存在となるのに時間はかからなかった。

夏には『源氏物語』講釈を開始する。

その頃のことだが、宣長の生涯を一変させることが立て続けに起こった。舞台は、たぶんこの嶺松院歌会である。

その一つは、「今、江戸ではこんな本が話題だ」と、賀茂真淵の『冠辞考《かんじこう》』を見せてくれる人がいた。いかにも、ちょっと知的な江戸店持ちの主人なら自慢しそうなことだ。

またある人から、「藤原俊成の有名な歌に「物のあわれ」とあるが、この「あわ（は）れ」とは一体何かね」という質問が寄せられた。

絶妙なサジェッション、あるいは質問であったが、これは宣長に求める心があったことも忘れてはならない。

『古事記』について考え続けていたからこそ、一読したくらいでは理解できない真淵の著作に反応できたのだろう。二十歳で『源氏物語』を読んだ時と同じだ。一所懸命に考えていたから難しくても分かるのである。

また、一体、歌とは何か、人はなぜ歌を詠むのかという問題を繰り返し考えていたからこそ、それまで二回も会っている筈の歌に、初めて反応することが出来たのだ。

「物のあわれを知る」とは

俊成の歌について聞かれた宣長はどのように反応したか。『安波礼弁』はこのように始まっている。

或人、予に問て曰く、俊成卿の歌に、恋せずは人は心も無らまし　物のあはれも是よりぞしる、と申す此のアハレと云は、如何なる義に侍るやらん、物のあはれを知るが、即ち人の心のある也、物のあはれを知らぬが、即ち人の心のなきなれば、人の情のあるなしは、只物のあはれを知ると知らぬにて侍れば、此のアハレは、つねにただアハレとばかり心得ゐるままにては、せんなくや侍ん

ある人が、俊成卿の歌に出てくる「あは（わ）れ」とは何だね、この歌だと、「物

のあわれ」を知るとか知らぬということと、心が有るか無いかということが同じだと言っているようだが、「あわれ」にはそんな深い意味があるのかね、と聞いてきた。良い質問は、答えが出ているようなものだと言う。もちろんこの質問は、宣長が充分考えた上で、受け止め、記録したものだから、質問そのままではないと思うが、それにしても結論は近い。

予心には解《さと》りたるやうに覚ゆれど、ふと答ふべき言なし、やや思ひめぐらせば、いよいよアハレと云言には、意味ふかきやうに思はれ、一言二言にて、たやすく対《こた》へらるべくもなければ、重ねて申すべしと答へぬ

俊成の歌の意味や、また「あは（わ）れ」という言葉は、今、たとえば浄瑠璃や義太夫で使われているのと、「源氏」など平安時代のものに出てくるのとでは少し違うのだよと答えるのは簡単だったが、

「あれ、言葉が出てこない、違う違う、そんな簡単なものじゃないんだ。立ち話で解決する問題じゃないのだ、また今度ね」

と別れた。
これが出会い、ひらめきの瞬間である。
そして得た結論が、

大方歌道はアハレの一言より外に余義なし、神代より今に至り、末世無窮に及ぶまで、よみ出る所の和歌みな、アハレの一言に帰す、されば此道の極意をたづぬるに、又アハレの一言より外なし、伊勢源氏その外あらゆる物語までも、又その本意をたづぬれば、アハレの一言にてこれをおほふべし、孔子の「詩三百、一言以蔽之、曰思無邪」(詩三百、一言を以てこれを蔽《おお》はば、曰わく思い邪《よこしま》なし)との玉へるも、今ここに思ひあはすれば、似たる事也、すべて和歌は、物のあはれを知るより出る事也、伊勢源氏等の物語みな、物のあはれを書のせて、人に物のあはれを知らしむるものと知るべし、是より外に義なし

歌の本質は「あわれ」だ。神代から未来永劫、歌がある限りこの本質は変わらない。全ての歌を還元すれば「あわれ」となる。『伊勢物語』や『源氏物語』からはじまる

すべての物語も、やはり本質は「あわれ」だ。孔子が「詩経」の三百の詩の本質は「思い邪なし」とおっしゃったのも考えてみれば、同じことではないか。

では、改めて問う、歌とは何か

この後、宣長の和歌論は一層深められ、最終的には『石上私淑言《いそのかみささめごと》』としてまとめられ、古道論へさらなる展開をみせるのだが、今は、一番大切な所だけ確認しておこう。言葉を選び表現を工夫しリズムがあるものは、みな「歌」である。

では、なぜ「歌」はあるのか。

それは、人はみな「物のあわれ」を知るからだ。人は弱いものである。それは自分の行為を顧みても分かるし、ましてや医者として患者を診れば、「男らしくきつとして正しきは、本情」でない（『排蘆小船』）ことは痛いほどよく分かる。

人に心があれば、思いがある。嬉しいとき悲しいとき、人の心は揺れ動く。思いが極まるとき、「ああ」という嘆息が自然と洩れる。これが「あわれ」である。

堪えきれないほど心が揺さぶられたら、きっと嘆息の声をあげるだろう。本当に悲しければオイオイと声を出して泣くだろう、しかしそれだけではただ一人の悲しみ、驚きだけに過ぎない。他の人に感動も悲しみは伝わらない。ああ、この気持ちをわかって欲しいと願うときに、歌や物語が生まれる。

和歌だけではない、考えあぐねてきた『源氏物語』の魅力も、この「物のあはれを知る」という鍵で解くことができると宣長は考えた。これが

見るもの聞くものにつきてあはれなりとも悲しとも思ふが、心の動くなり。その心の動くが、すなはち物のあはれを知るといふものなり。さればこの物語、物のあはれを知るより外なし

という『紫文要領《しぶんようれい》』の説へと展開していったのである。

松坂の育んだ「物のあわれ」

ところで、一体誰が俊成の歌について質問したのだろう。

確証は得られないが、きっと本町で豆腐屋を営んでいた。稲懸棟隆《いながきむねたか》（田丸屋十介）ではなかったか。棟隆は宣長と同い年。風流人であり、かなりの学識があった人だ。宣長の『梅桜草の庵花のすまひ（相撲）』もこの人の質問がきっかけとなって書かれた。『源氏物語』への関心もあり、国語学でも業績も残す。また吉野飛鳥への旅（『菅笠日記』）には息子と連れだって参加した。その息子というのが、後の本居大平である。

さて、映画監督の小津安二郎は、晩年よく「ぼくのテーマは『物のあわれ』という極めて日本的なもの」と口にしたという。

松坂の町人の何気ない質問に発して、宣長が理論構築をして、宣長とは同じ松坂の小津党に属していた監督が名作を生み出していったのである。実に愉快なことである。

これがⅥ章で取り上げるであろう、「松坂の文化力」である。

着実に深まる『源氏物語』への関心

『古事記』について考え始めた三十代前後のこの時期、宣長と『源氏物語』の関係も大きな曲がり角にさしかかっていた。講釈の開始と、物のあわれを知る説の確立である。

深まる『古事記』への関心、それと車の両輪のようにこの物語の持つ意味が宣長の中で大きくなってきたのである。ここで改めて、宣長の美意識や人生観にも大きく関わった『源氏物語』との関係を振り返っておきたい。

宣長がこの物語に初めて触れたのは今井田家時代、二十歳の頃であった。

京都の五年間で読みは一層深まった。様々な注釈書なども読んでいるが、宣長は古典の原文に学ぶ人なので、後世の本から学ぶところは多くなかったかもしれない。

その中でも少し気になった本は何冊か有ったようである。名前だけ挙げておく。

二十三歳の十月十八日、宗祇の『帚木抄《ははきぎしょう》』（『雨夜談抄』）を写す。宣長が写した『源氏物語』関連書としては最初の本である。

二十四歳、七月十六日、『源氏論義』（「弘安源氏論議」）を写した。「源氏」についての議論を源具顕が判定している。後にこの本は門人稲懸棟隆にプレゼントしたので、十年後の宝暦十三年二月八日に再び写している。八月十日には、安藤為章《ためあきら》の『紫家七論』を写した。為章は水戸藩に仕えた学者である。勧善懲悪説という通俗道徳で「源氏」を捉えていて本質を見失っているが、ただ取るべきところもある。

紫家七論といふもの一巻、これは注釈にはあらず、たゞ此物語に大むねを論じ、紫式部が才徳など、日記を引出て、くはしく考へ、昔よりの妄説どもをわきまへなど、さまかはりて、一ふしある物也、かならず見べし。但しそのおほむね、たゞもろこし人の、書ども作れる例をのみ思ひて、物語といふ物の趣をおもはず、物のあはれをむねとかけることをば、いまたしらざるものにして、諷諭と見たるは、なほ儒者ごゝろにぞ有ける

『源氏物語玉の小櫛』巻一

（紫家七論は注釈ではなく『源氏』論である。紫式部について『紫式部日記』などを引いて、俗説を正しているので必見だ。ただ、中国の本の基準で評価して、物語とはないか、あるいは「物のあわれを知る」ということが分かっていないので、悪いことはしてはだめだというレベルのたとえ話として読んでいるのは、どこまでも儒学心が抜けないのだなあ）

と、為章の説をもちろん批判もするが評価もしている。写本の奥書には、十二年後の三十六歳でもう一度見直したことが書かれている。古典の原文なら兎も角も、一度写した評論書を、改めて見直すというのは宣長にはとても珍しいことである。

そんな読書以上に、影響があったのが、京都での生活体験であった。

二十七歳の正月十三日には、御所で参内する公卿を拝見した。

一条殿の女御のおはしします宮など見奉るに御門よりはじめて見いれたる内のさまいとうるはしく作りみがかれたり。それより公家門の前にてしばしやすらひ侍るに、公卿殿上人あまたまふのぼりまかんで給ふありさま、つねに目慣れぬ風情いと殊勝にてむかしのさかんなりし御代の大内のさま思ひやられて立つことも忘れてしばらくやすらひ侍りける。雲の上人の有さまは優にやさしくぞ。かへすがへす見奉る

『在京日記』

御所の中の造作にも感動し、公卿門の前で休みながら拝見していると、公卿や殿上人がたくさん参内してこられるのは、普段見ることが出来ない景色で感動的でさえある。ああ天皇や公家に力があった時代にはこんな様子だったのだと立つことも忘れてしまうほどであった。雲上人のまことに優雅な様子を飽きることなく拝見していた。

宣長にとって「源氏」の世界は、『古事記』と違って今と断絶していない。時間は隔たってはいても、連続しているのである。

実は、これが宣長に於ける『古事記』と『源氏物語』の差なのである。賀茂真淵にはその差が曖昧なのである。

二十八歳、帰郷する日が近づき、『源氏物語湖月抄』を購入した。

一、湖月抄、廿四、金一両三分二百文　『宝暦二年以後購求謄写書籍』

十数万円位だろう。かなり高額だ。

松坂に帰って翌年、二十九歳の二月、嶺松院歌会に加入、夏頃からそのメンバーに『源氏物語』講釈を開始した。

「源氏見ざる歌よみは遺恨のことなり」（『源氏物語』を読んでないようでは歌人とは言えない）という藤原俊成の言葉があるが、「歌を詠むならまず『源氏』ですよね」と、偉そうなことを言ったかどうかはわからないが、最初は全巻講釈というつもりもないままに仲間と始めたのだろう、開始は、『日記』にも記録されていない。

ところが聴衆も減らず年末には「葵巻」まで進んだので、年も改まったことでもあるし本格的に講釈しようと新たな決意で正月十三日、「榊巻《さかきのまき》」から講釈を開始した。

この講釈は、晩年まで継続、全巻講釈三回半に及び、宣長の学問の揺籃《ゆりかご》となった。和歌の本質が「物のあわれを知る」にあるという確信で、宣長の『源氏物語』研究は全く新しいステージに入っていく。

三十四歳の二月十七日、『源氏物語』を校合した。奥書には「宝暦十三年癸未二月十七日一本校合終業、本居宣長（花押）」とある。書けば二十数文字で済んでしまうが、全巻を眺めるだけでも大変な作業である。長男誕生で、妻は実家である津の草深に帰っている。その間に一人で「源氏」全巻の見直しを行っていたのだ。

その少し後、五月二十五日に、賀茂真淵との対面があり、六月七日に『紫文要領』を書き終えた。

奥書で、「全く師伝のおもむきにあらず」と言い、自分の説である、と言うように、画期的な『源氏物語』論の誕生である。「紫文」とは、紫式部の文、『源氏物語』を指す。内容は、作者について、執筆の目的とその時代、モデル（准拠）、書名など『源氏物語』全般にわたる。中でも全ページの半分を費やして述べられる「大意の事」は、この物語の主題についての考察で、「この物語は物のあはれを知ることに尽きる」という独自の文学説を提唱する。本書は後に「源氏物語玉の小琴」と改題され、更に加筆して『源氏物語玉の小櫛』となる。

『源氏物語』と『古事記』、車の両輪にたとえたが、やがて開始される、賀茂真淵の指導の中で、師はこれを激しく批判する。だが宣長も負けてはいない。真淵への火の出るような激しい『万葉集』の質問を浴びせかけながら、一方では信じられないほどのていねいな字で、やっと手に入れた契沖の『源註拾遺』を、簡単すぎるがさすがだなと感心しながら全八冊写すのである。

忙しいのにと傍目からは思ってしまうが、どれ一つもはずすことは出来ない。外せば自分の世界ではなくなると、宣長は前に進んでいくのである。

ノートの面白さと不思議

スマホやパソコンの普及のなかでも、未だにノートや手帳には根強いファンがいる。不便さが逆に、使う人を育てる、あるいは鍛えるのであろう。

宣長はいくつものノートをのこしている。読書の抜き書きはもちろん、健康法や珍しい地名や方言などのメモ帳もあれば、『古事記雑考』のように、『古事記伝』執筆を視野に置いた、むしろ草稿といった方がふさわしいかもしれないノートもある。

後年のことだが、ノートの内容を『玉勝間』という随筆集にまとめて出版している。楽屋裏も見せる、つまり公開型のノートだ。

ところで、宣長の整然とした筆跡や見事な仕事の段取りからはちょっと想像がつかないことだが、京都時代のノートには不思議な現象が見られる。

たとえば『遊仙窟』という本からの引用が、複数のノート（『本居宣長随筆』や『雑鈔』など）に記載されるという例がある。もちろん記事は違うが、さりとて何か理由があって別々に書かれたわけでもなさそうだ。同時並行で何冊かを使っているのである。書こうと思ったときに肝心のノートが見あたらず、どれでも構わないと、手近にあったノートに書くようなものである。宣長がそのようなことをしている理由は分からない。

ただ宣長を調べる側からは、複数のノートに同一書籍からの引用があることで、記帳時期が推測できるという有り難みはある。

成長するノート

ノートも成長することがある。するか否かの決め手は、テーマである。

十代後半の関心事として「京都」と「和歌」という二つがあったことは既に述べた。それぞれノートが作られたが、最初から形が整っていた京都文献を抜き書きした『都考抜書』は、情報は充実していくが特別な深まりはなく、逆に『和歌の浦』は最初の四冊までは雑学を集めるところから開始してはかばかしい進展はないが、京都に上った年の十二月、突然、和歌論を展開するための基礎資料集に一変して、整然とした形式を持ち出す。成長の開始である。筆跡も整う。それが現在、天理大学付属図書館が所蔵する『和歌の浦』第五冊目である。そして、この第五冊目の完了が、処女作『排蘆小船』執筆へと繋がっていくのである。

もちろん『都考抜書』集められた京都情報や文献は、たとえば旅や京都修学という実用面でも、あるいは『源氏物語』などの日本古典や歴史を考える上でも存分に活用された。ところが和歌の雑学は、最初の四冊はほとんど無用になっていき、役に立ったのは第五冊目と、これは二十九歳の頃のものだが、『秀歌抄出』という歌の抜き書きが『古今選』というアンソロジーになり、おそらく歌風の変遷を考える材料となったくらいである。

成長するノートは思考を深め、余り成長しないノートは情報源として長持ちするのである。

行きつ戻りつする思考

宣長の思考には、停滞というか、堂々めぐりが見られることがある。複数のノートの併用というレベルのことではなく、ほぼ結論は見えているはずなのに、また遠ざかるのである。

私は、宣長は学問する器械だと思う。

主著『古事記伝』を見よ。文章はわかりやすい。引用文の難しさや、国語学的な特殊な用語、証拠を挙げない断定もあるが、抽象的な概念を積み重ねる訳でもなく、論理の展開を追うことは難しくはない。緻密な思考を積み重ねていくが具体例を挙げ、相互参照の指示もあり、何より法則性ということを考えているので明解だ。同じ日本の古典を研究した当時の学者、たとえば真淵や上田秋成が書くものと比較するとよく分かる。抜群にわかりやすい。筆跡もすっきりしている。

ところが、そんな宣長が、大事なことを忘れて、また同じことを繰り返しているようなことがあるのだ。

藤原俊成の歌について質問されたことがきっかけで、『安波礼弁』を書き、「物のあわれを知る」説が生まれた。二十九歳の時である。この事は既に書いた。

実はこの歌を既に京都時代に、堀景山の『不尽言』からの引用として書き抜いているのである。その時は、余り深くは考えなかったのだろうか。「思無邪」という言葉も師の本には繰り返し出てくる。

しかし更に前に、『和歌の浦』四冊目で、『徒然草文段抄』から、この歌の引用の後、歌学者・北村季吟の「和歌の道には、春夏秋冬恋雑と六つの道をたててもてあそぶ中に、人の心をやはらげ、もののあはれをしらしむる事も、恋路にしくはなし」という言葉まで引用しているのだ。物のあわれを知る説まで、かなり近接しているように見えるが、それでもまだ結論には到達していない。だから質問は、三度目の正直だ。

さて、『安波礼弁』を書いた。この内容は、その頃執筆中の和歌論『排蘆小船』とすぐにでも結びつきそうだ、あるいは『源氏物語』論に展開できそうだ、と後世の者は考えるが、『源氏物語』論である『紫文要領』や、『石上私淑言』としてまとまるのには五年という時間が必要だった。

もっと不思議なことがある。

三十代の前半、「物のあわれ」と共に、もう一つの言葉を宣長は発見している。『古事記』冒頭の「天地」である。そしてそれが「令誦習」「誦み習わしむ」という言葉の発見につながっていく。

京都で買った本の中に、『古事記』があった。同書は和銅五(七一二)年にできた現存最古の歴史書、その序文に「令誦習」は出てくる。では、この言葉が「天地」とどう関ってくるのか。

『古事記』研究の最初の成果が『阿毎菟知弁《あめつちのべん》』(三十二歳)である。この中で、

予、かつて謂ふ、人みな和訓の文字に害あることを知りて漢字の古語に害あることを未だ知らずと(原漢文)

（私が前にも言ったことだが、漢文を勉強するのに訓を付けることが妨げとなるということはみな知っているが、漢字で書くことが、日本の古語を知る妨げになっていることに気づいていない）

と言う。ここから、天武天皇がなぜわざわざ稗田阿礼《ひえだのあれ》に「誦み習わしめた」のかというところまで、余り遠くないように見えるのだが、三十四、五歳の頃の『古事記雑考』で「ココニ考ヘアリ」と感動を以て「発見」されるのである。

宣長という人は、単純に目的に向かって進むのではなく、行きつ戻りつしながら、確実に深まってゆく人なのだろう。

事を急くことはなく、思考、執筆の作業はゆったりと、時には行きつ戻りつしながら進んでいく。

ゆったりと進むとは、のんびりとすることではない。激しい緊張感を伴いながらである。ここには、短絡的にものを結合させない特殊な思考が働いているのであろう。

いったんゼロ（混沌）に戻し、再構築していく能力なのである。

「令誦習」の発見

「誦み習わしむ」、この言葉の意味をしっかりと受け止めて『古事記』を読むと、全く新しい価値が見えてきた。それは「声」である。上手く解読すれば、この『古事記』というテキストから奈良時代以前の声が「再生」できるという可能性である。

宣長は言葉を重視した。

『古事記伝』巻一で宣長は、

そもそも意と事と言とはみな相叶えるものにして上代は、意も事も言も上代、後代は意も事も言も後代、漢国は意も事も言も漢国だ

と述べている。心も、全ての事柄も、そして言葉も本来は一緒でなければならない。『日本書紀』の問題点は、上代の出来事を漢文という中国の言葉で、しかも後世の編纂者の価値観、世界観で書いてしまっていることだ。事と言葉と心がバラバラなので

ある。

ところが『古事記』は違う。上代のことを、その時の言い伝えのままに(つまり当時の言葉で)、しかも編纂者の意図を交えずに書いているではないか。だから貴重なのだ。宣長はそう考えた。

ではなぜそれが実現したのか、それは、昔の言葉を尊重したからだ。

人の心も、全ての事柄も、結局は、言葉でしか伝えることが出来ない。だから言葉は大事なんだ。

言葉を聞けば現象も心も分かる。いや、言葉の力を借りないと世界を認識することも、それを伝えることも出来ないではないか。

文字より声を尊重したわけ

言葉と一口に言っても、そこには文字と声があるのだが、宣長は声に重きを置いた。

理由は簡単である。文字の中でも大きなウエイトを占める「漢字」の使用には、弊害があるからだ。

では、漢字の弊害とは何か。

それは、中国という違う文化圏の産物であるからだ。たとえば一つの漢字の背後には、広大な世界が広がっている。これは、漢和辞典を開くと、たとえば「人」という親字の下に「字源」として、「象形。人を側面より見たる貌に象る。正面の貌は「大」なり」とある。あるいは更に甲骨文字にまで遡って考えたのが白川静で、その著作に親しんでいる人なら、漢字の背後に広がる世界の大きさはすぐに了解できるだろう。

そんな漢字に、日本語という外国語を当てるのは、実は翻訳なのである。

たとえば「カミ」という日本語を書くとする。「カミ」には同音異義語が多いから、よく似た意味の漢字を探し、漢籍の中から、目に見えなくて不思議な力があると言う共通点を持つ「神」という漢字を探してくる。

だが、中国の人が「神」という漢字に抱くイメージと、日本人の「カミ」とでは、いくら共通するところがあるといっても、もとは別のものである。

厄介なことに、漢字を一所懸命に勉強すればするほど、日本人の思考は漢字を生んだ中国風になってしまう。「カミ」とは何かと尋ねられたら、向こうの本に書いてあることを借りて説明するという事態に陥る。それが宣長の心配であった。

実は、全く同じことを心配していた人が一千年以上前におみえになった。天武天皇である。きっと天皇はそのことに気づかれたから、稗田阿礼に「誦み習わし」めたのである。

『古事記』の編纂は天武天皇に始まった

西暦六七二年の壬申の乱に勝利した大海人皇子（天武天皇）は、新しい国作りを急いだ。法律（律令）を整え、歴史書の編纂に着手した。

当時わが国は、内政面でも、また数年前の朝鮮半島における白村江の戦いでの惨敗で外交面でも、難しい問題に直面していた。その中でなぜ歴史書か。

「系図を調べる効用」（I章）でも述べたように、伝説や神話は、人の行動や思想を束縛することもあるが、一方では心の支えともなり、また連帯感を持つことで、社会や地域の安定にもつながる。

また、周辺諸国に対しては、しっかりとした歴史を持つ国であることを表明することは、国家としての信用度が増す。特に東アジアの覇者・中国（唐）は歴史を尊重する国であるから、それに倣って歴史書を編纂することは、独立国として必要なことであった。

まだ国の名前も定まっていないし、壬申の乱でもお世話になった神宮の式年遷宮も行いたい。やらねばならないことは多いが、中には在位中に実現できず、皇后であった次の持統天皇の治世に実現されたこともある。

たとえば、藤原京や式年遷宮、「日本」という国号制定、また「天皇」という称号もどうやらこの頃に使用が始まっているようだ。

さて天武天皇は、歴史書の編纂はとりあえず二本立てと決めた。

なぜ二つも作るのか。そもそもそれまで歴史書はなかったのか。

実は、あった。だが間違いが多いから、もう一度編纂し直す必要があった。

ここで天皇は言葉の問題に直面したのである。

言葉を文字に置き換えることの難しさ

独立国家であることを中国に認めてもらうための歴史書は、まず歴史書としてのスタイルを持ち、漢文で書く必要がある。これには、渡来人の力を借りるなど術もある。しかし漢文は使用する文字も文法も外国語であるから、語り伝えられてきた伝承が上手く伝えられるのだろうか。

語り伝えられてきたというのが大切なのである。

わが国は古墳時代、あるいは弥生時代から漢字という外国の文字に触れるチャンスはあった。鏡などに刻まれているのを見ると、どこまで分かっていたのかしれないが、尊重していたことは分かる。

聖徳太子の頃には、漢文リテラシーも充分に備わっていた。

しかし、文字の使用は木簡や戸籍などごく限定的であった。まだ文字社会に入っていない。漢文をそのまま使用して事が済むほど、わが国の文化は単純ではなかったのだ。大陸とは違う、独自の文化を育んでいたのである。

母語の力

今の日本人が、いくら国際人だと胸を張っても、本当の気持ちを英語やフランス語で伝えることが出来るか。

たとえば、漫才を聞いてアッハハと笑う。

日本語でなら、子どもでも分かるだろう。ところが、それを習得した外国語で出来るかというと、くだらぬことだからこそ、逆に難しい。どうしても母語にはかなわないのである。人の本性にかかわるような大事なことほど翻訳は難しいのだ。

といって、まだ自前の文字、つまりひらがなもカタカナもない時代である、漢字でも使わないと記録は出来ない。どのようにして残すのか。

苦肉の策が、『古事記』序文にある「令誦習」なのである。誦み習わしむ、声に出して読むことに習熟させた、つまり暗唱である。

『古事記』と『日本書紀』は同時進行した

声でしか伝えられないこともある。

しかし逆に、比較対照しようとか、考えるという知的行為のためには、塙保己一《はなわほきいち》のような稀有な例外はあっても、声では限界があるのも事実だ。

天武天皇はそのことを思案して、結局、歴史書は二種作ることになった。

文字で記す方は、かなりの時間が要したが『日本書紀』（七二〇年完成）となり、後者、声での伝承は、天武天皇が自ら稗田阿礼に読み聞かせたので、とりあえずは出来たが、阿礼にも寿命があるので、固定化する必要がある。

結局、元明天皇の命により、太安万侶《おおのやすまろ》が『古事記』として完成したのは七一二年であった。

「カミ」と「神」と「God」は違う

話がくどくなったが、日本語の「カミ」と漢字の「神」、英語の「God」は重なるところも確かにあるが、似ていると言うだけで、実は別物だ。

荒木田経雅《つねただ》からの質問に答えた中で宣長は、「カミと、中国の「神」とは、大体は同じだからわが国に置いても「神」の字を使うが、厳密に言えば七、八割は同じで二、三割が違うのだ」（『答問録』）と言い、日本と中国の違いを細かに説明している。

日本の神様を、漢籍の知識で解き明かすと言えば、ちょっと待ったというだろう。

無批判に漢字を使い続けると、いつのまにか、その文字を生みだし使い続けた民族の論理や伝統、価値観に支配されてしまうのである。文化的な侵略である。

いや向こうは漢字を使用してくれと頼んできたわけではない。こっちが勝手に、便利だからと使っているのだから、世話はない。

なにも政治や学問といった世界だけのことではない。むしろ日常的なものにまで及んでくるから怖いのだ。やがて取り返しのつかぬ事になる。

実はこれが宣長の「からごころ」批判なのである。

何でも吸収し、それをよりよいものにしていくのはわが国の自慢できるところではある。しかし、その意識を持つことが大切だ。たとえば、今でも西洋が血を流し苦労して獲得したものを、自分で発明したかのように、胸を張って使っていることはないか。そこに潜む危険性の指摘が「からごころ」批判だと思っていただければよい。中国人批判ではない、逆だ。日本人に注意を喚起しているのである。

その前に、また天武天皇の危惧に戻る。

天武天皇が稗田阿礼に読み聞かせた

天武天皇は、今の歴史の本には誤りが多いと再編集して、自分の声で読まれた。つまり既に天皇の前には、巻物であろうが、漢字で書かれた歴史書があった。みんな勝手なことを書いているのでこれではだめだと編纂し直すことを決意した。普通、歴史書を編纂する場合、たとえば、今の私の体勢は、キーボードの左前方に資料を置き、必要なところを入力していく。つまり、文字から文字に移すのだ。しかし、それではだめだ。漢字の持つ意味や論理に支配されてしまう。そこで、いったん声に戻して、それを稗田阿礼という若くて聡明な舎人《とねり》に暗唱させた、これが「令誦習」のである。

時間が流れ、平城京遷都を行った元明天皇は、稗田阿礼の「記憶」を、「記録」にせよと太安万侶に命じた。『古事記』の編纂である。

宣長はこの「誦み習はしむ」という言葉の持つ意味の大きさに気づいたとき、声を上げたかもしれない。少なくとも感動にうちふるえたであろう。

それが『古事記雑考』の「ココニ考ヘアリ」なのだ。

しかし「行きつ戻りつする思考」（Ⅲ章）の繰り返しとなるが、三十二歳の『阿毎菟知弁』で、「漢字の古語に害あることを未だ知らずと」は、漢字には害がある、漢字から離れて声に戻せという意味ではないのか。それから「ココニ考ヘアリ」まで三年近い歳月。そこには理解しがたいほど、複雑な思考が働いているのである。

『古事記』を発見した宣長

よく、宣長が『古事記』を発見したのですかと問われるが、本そのものは、本屋で売っていた。買い求める人もいたし、稀には読む人もいた。

漢字で書かれていて、版本なら一部には振り仮名も付いているので、『日本書紀』などを読んでいる人には、開けば一通りの理解は出来たはずである。

では宣長は何をしたのか。それは「読む」という行為の意味をひっくり返したのである。

もう少し詳しく言おう。

普通、本を読むとは、意味が分かることであろう。読み方は多少怪しいところがあっても、意味が通ればそれで読めたことになる。ところが宣長は、『古事記』と言う本の場合、「意味」よりも「読み方」が大事だと主張したのである。宣長以前と以後では、『古事記』という本の「読み」の持つ意味が全く変わってしまったのだ。

たとえば神々の物語『古事記』は「天地初発」という文字で始まる。漢字を見れば、天地が初めて出来たことだという見当は付く。これが宣長以前の読み方。だが、「天地が初めて出来た」というおおざっぱな意味ではなく、この四字をどう読むかが大切だというのが宣長の発見である。たとえば、「天地」もだが、「初発」に至っては「はじめのとき」と「はじめてひらけしとき」では、意味まで変わってくるのである。

『古事記』は天武天皇の語りを冷凍保存したようなものだと考えて欲しい。それを上手く解凍すれば、アクセントやイントネーションまではなかなか難しいが、言葉だけなら再生できると考えた。これが宣長の発見である。

「天地」をどう読むか

目標は定まった。だが、宣長が歩むことになる解読の道のりは長く険しい。『古事記』は「天地」という文字で幕が開くが、先ずこの二字で詰まってしまった。果たしてどのように読むべきか。

普通、この二文字は、「アメツチ」、「アメクニ」、「テンチ」と三通りの読み方が考えられる。どのように読んでも意味は同じだと考えてしまいそうになるが、『古事記』は「読み方」が命。稗田阿礼がどう語ったのかが問題だから、意味は同じという選択肢は除外する。

宣長は、頭の中のデータを慎重に検索し、ようやく「アメクニ」という結論に至る。後にこの説は撤回され「アメツチ」に定まるのだが、そこに至るまでには五年余という時間が必要であった。

たった二文字でこれだけ手こずっていては、全三巻もある『古事記』の全巻解読は覚束ない。松坂には師と頼む人もいなければ、和歌や『源氏物語』ならまだしも、

『古事記』については語り合う人もいない。ただ、一つだけ手掛かりがあった。『冠辞考』である。

賀茂真淵という学者にぜひ教えを請いたいと考えた宣長は、策を練った。それが功を奏したのだろう。幸運も手伝った。やがて、真淵との対面が叶い、みごと師の心を射止めることが出来た。『古事記』解読という志は固まった。宣長三十四歳、京都から帰ってきて既に六年。医者をしながら、歌を詠み、『源氏物語』を講釈して、倦まずたゆまずに考え続けて立てた志である。

語ること

宣長の一生は、不思議なほどすばらしい出会いに彩られている。考えあぐねていると、実にタイミング良く、適切な質問なり、また必要な資料が届く。

上京してまもなく景山に会い、『百人一首改観抄』を知った。景山塾の友人からの批判も思索の種となった。帰京後の『冠辞考』を通しての賀茂真淵の学問、「物のあわれ」という言葉、さらには宣長の関心に寄り添うように、講釈や『二十一代集』会読にまでつきあってくれるハイレベルの仲間。賀茂真淵。『古事記伝』執筆が進みだしたら横井千秋の登場で刊行が一挙に具体化する。宣長の著作刊行に貢献した板木職人で門人の植松有信。

これらの一人でも欠けたら宣長学はずいぶん貧しいものになっていたはずである。出会いは偶然のようだが、そうではない。「求める志が切なれば必ず得悟す」という言葉が教えるように、どうやら幸運は作り出すものであるようだ。そのためには、明確な問題意識と、それを探求する熱意、何より宣長の場合は、周りの人に自分の関心事を話していたことが決め手になったのではなかろうか。

宣長は考え続ける。和歌の問題はより根元へと遡り、いよいよ「古代」へと足を踏み入れていた。神の時代、そして日本文化の始源「古代」。それを知る手掛かりとして『古事記』は選ばれた。

だが地方にあっては師と頼むべき人もなく、ただ出版されたばかりの枕詞の辞典『冠辞考』の著者・賀茂真淵を思う日々が続いた。

Ⅳ

四百キロという距離

◉Ⅳ章では、真淵との出会いを通して、「距離」について考えたい。

◉適度な距離、これが大切であることを知らない人はいない。太陽と地球の距離のような壮大なものに始まって、友人や家族との距離まで、近すぎても、また遠すぎてもいけない。

◉三十四歳の夏、宣長は賀茂真淵と会うことが出来た。宣長の『古事記』研究への思いに真淵は指導を約束してくれるが、真淵の住む江戸は松坂から、四百キロ離れている。

◉真淵の指導は徹底していた。だがそれにも負けないほど宣長の質問は厳しかった。

◉二人を比べると、たとえば真淵は着想の人である。書簡でも著作を見ても次々と新しい考えが出てくる。またこの章でも紹介するが、名言が次々と生まれる。一方の宣長は、まさに実行の人である。先生のひらめきを冷静に分析し、検証し、そして納得がいけば実行する。『源氏物語』や『新古今集』、あるいは和歌の変遷など、美意識も文学観も全く対照的な二人である。この二人が共に独創的な仕事をするのに、四百キロという距離が必要だったのだ。

◉この出会いは、宣長の喜びとして語られることが多いが、実は真淵の喜びは宣長を上回るほど大きかっただろう。次の人に、バトンを渡すことが出来た喜びである。
それだけに、真淵にとってはこの四百キロという距離は恨めしかっただろう。

目標から志に

『古事記』を読むという目標は定まった。

だがそれを完遂するための志を立てるには、まだ至らない。

まず、自分の側でやるべきことがある。一番大切なことは方法の確立である。それが『古事記』冒頭の「天地」をどう読むかを論じた『阿毎菟知弁』である。

基礎固めも大切で、言葉の研究では『字音仮字用格（宝暦十一年稿）』をまとめ、古代豪族の出自を記した『新撰姓氏録』の索引を作った。『古事記雑考』の「神名」や「地名」などの抜き出しや、本文に使用された漢字のデータ化もこの時期だろう。

外へ向けての行動も開始する。

まず先生を捜すことから始めないといけない。

たとえば仲間に、自分の関心事を話してみる。説明すれば考えもまとまるし、思いがけない情報も入ってくる。そうやって『冠辞考』と巡り会うことが出来た。

その本を借りて読んではみたものの、論理の展開に飛躍が見られる。

これは専門的な見地からは、「延約略通」による語源探求法の理解が出来なかったのではと言われている。本当は理解できなかった方が良かったのかもしれないが、それはともかくとして、どうも『百人一首改観抄』のようにすっきりとしない。しかし気になる所もあり、何度も読み返すうちに、この著者もまた『古事記』に対して独自の見解があることを確信し、会いたいという気持ちが高まっていった。

次の行動が開始される。

松坂を動かない宣長

真淵先生に学びたい。

よくある立身出世の物語なら、全てを捨てて江戸に行くとかいうことになるだろうが、宣長にそんな気持ちはない。全体の中で『古事記』研究についても位置づけるので、何かを犠牲にするという選択肢はない。

だからといって、『古事記』研究への情熱もその程度かと考えてはならない。一心不乱に進むタイプではないだけで、その決意の固さは、誰にも勝るものがあったことは言うまでもないだろう。髪の毛を振り乱すだけが、方法ではない。

宣長は何をしたか。

まず、真淵のことを人に話す。撒き餌のようなものだ。

幸い伊勢街道が通る松坂は、諸国の人が集まるところである。出会えるチャンスは大きい。江戸との人の行き来も多い町なので、そのパイプも模索したかもしれない。

結婚した妻の父は、藤堂藩主に従いしばしば江戸に下向するし、文雅にも明るいので、訊ねたかもしれない。ただ、聞いていたら、真淵訪問情報はもう少し早く耳に入っていた可能性もあるので、さすがに草深氏には聞かなかったと考えた方が自然か。

宣長の話を聞いた一人が、柏屋という本屋の主人であった。

ある日、店にやってきた客が賀茂真淵だと知った主人は、宣長のことを思い出し、来訪を告げたのである。

文化が歩いて広まっていく

宣長の生きた十八世紀は、「文化東漸《ぶんかとうぜん》」といって、文化の中心が、それまでの畿内から江戸へとゆっくりと移っていく時代であった。

たとえば十七世紀末の元禄文化といえば、西鶴や近松門左衛門の上方が中心だが、半世紀が過ぎて宝暦、明和、安永になると、江戸が文化の牽引役となっていき、浮世絵や黄表紙、洒落本が登場してくる。

といっても、それは庶民レベル、つまり流行の最前線の話。伝統文化の方では京都の力には遠く及ばない。

では学問は、というとこれがなかなか難しい。江戸でもなく京都でもなく、伝統や流行、また時代の急激な変化から適度な距離をもつ、地方の時代が始まっているのである。

賀茂真淵（一六九七〜一七六九）はまさにこの時代を生きた人だ。

東海道、遠江国浜松に生まれ、京都で荷田春満《かだのあずままろ》に師事し、江戸に下り和学御用として田安《たやす》家に仕えた。京都の文化を背負って江戸にてくてく歩いていくのである。歩く文化東漸である。

江戸に着いた真淵だが、江戸の人たちの反応は冷たかった。

おのれ三十年以前東都へ下りし時、千万人挙て異端とて悪み

宣長宛書簡の一節である。それから十年が経過し田安家に仕官、やがて万葉主義を鮮明にし、宝暦七（一七五七）年には『冠辞考』を上梓する。同十年にはライフワークとなる『万葉考』巻一、二、別記が脱稿するが、全体としてはまだ緒に就いたばかりである。その後、隠居。宝暦十三年、六十七歳の真淵は、田安宗武の内命で京や大和を歴訪。帰途、伊勢参りのため松坂に立ち寄ったのである。

真淵はなぜ松坂に滞在したか

此松坂の里にも、二日三日とゞまり給へるを、さることつゆしらで、後に聞きて、いみしく口惜しかりしを、帰るさまにも、又一夜宿り給へるを、窺ひ待ちて、いといと嬉しく、急ぎ宿り居にまうでて、初めて見え奉りたりき

『玉勝間』「おのが物まなびの有しやう

これは宣長の回想の一節である。二、三日滞在したとある。真淵はなぜ松坂のような商都に数日滞在したのか。

旅の目的は、『万葉集』など古典の舞台を実見し、史料採訪、古書の探索も兼ねていたのではなかったかと言う人がいる。たしかに文化では新開地の江戸には、学問しようにも肝心の書籍が少なかったのである。

実際、同行した門人・村田春郷、春海兄弟は京都で『新撰字鏡』を発見している。また、奈良薬師寺では仏足石歌を実見している。

松坂に何日も滞在して、しかも隣は本屋。さらにこの直後に『元暦校本万葉集《げんりゃくこうほんまんようしゅう》』の存在を確認して門人荒木田久老や宣長の調査に期待をしているのであるから、松坂近郊に貴重な『万葉集』があるという情報を入手して、確認のために滞在したのかもしれない。と言うより、そう考えた方が自然である。

真淵が関心を寄せた「元暦本」は確かに松坂近郊にあった。

最初は、松坂の富商・中川家が蔵していた。新上屋からはわずか五分ほどの距離である。ただ真淵が訪れた宝暦の頃には、郊外射和村の豪商・富山家秘蔵となっていた

（現在、国所有・国宝）。

この何日かの滞在と、本屋に顔を出したことが、宣長との出会いにつながったのである。

松坂の一夜

真淵の数日の滞在が幸いした。

来訪を聞きつけた宣長は、宿泊先の新上屋を訪ねるが、既に一行は出立していた。後を追うが、会うことは出来なかった。

宣長は、「あきらめる」ということを知らない。何か、次の手を考える。

一行が伊勢方面に向かったのなら、帰りもきっと松坂に寄るであろう。伊勢と松坂の距離は短いが、真淵の年齢を考えると無理せずまたこの宿に泊まることも考えられる。

そこで宿の主人に、もし泊まられたら連絡を欲しいと頼んでおいた。

数日たった五月二十五日の夜、真淵一行は宿泊し、対面は叶う。紹介状も持たずに訪ねた宣長を、真淵は温かく迎えてくれた。

宣長は、かねてからの『古事記』研究の志を打ち明けると、真淵は、「よいところに気づかれた。私もこの本を明らめたいと思って、そのために『万葉集』をと始めたが、いつの間にか年を取ってしまった。もう私に残された時間は長くない。とても『古事記』にまでは手が及ばない。幸いあなたはまだ若い。今から怠ることなく一生懸命に努めるならばきっとその志を遂げることが出来るだろう。

ただ気を付けなくてはならないのは、先ず基礎を固めることだ。それをないがしろにして高きを目指すからみな失敗するのだ」と諄々《じゅんじゅん》と説き諭した。宣長三十四歳、賀茂真淵六十七歳。このただ一度の対面が、二人の人生のみならず、日本の歴史をも大きく変えた。


夏の夜はふけやすい。家々の戸は、もう皆とざされてゐる。老学者の言に深く感動した宣長は、未来の希望に胸をどらせながら、ひつそりした町筋を我が家へ向つた二人の出会いを描いた佐佐木信綱の「松阪の一夜」(『小学国語読本巻十一尋常科用』昭和十四年版)の一節である。

心にしみいる師の言葉、それが宣長の三十五年に及ぶ『古事記伝』執筆を支えることになるのだが、それを伝える佐佐木の文章もまた、出会いのすばらしさと、願う心が切なら必ず事は成就するのだと、全国の小学六年生の心に希望の灯をともすことになった。

「松坂の一夜」はたしかに偶然の出会いではある。だがそこには、千載一遇のチャンスを逃さぬ情報分析と、その適切な活用があった。

まず第一に、数多の学者の中から見事に、第一級品とも言うべき真淵を捜し出したこと。後年、宣長は師をよく選べと後進に忠告している。

次に、この先生に会いたいという願望を人に語る。だが拙速は禁物。軽く始めたら軽く終わる。だから焦って家を放っぽり出して江戸に走るということはしなかった。往路での滞在中は対面出来なかったが、あきらめずにその先の行動を予測した。

これらが大きな成果を生み出したのである。

もう一つ大切な準備作業があったはずだ。それは幸運にも真淵と会えた時のシミュレーションである。

一瞬で相手の心を射止める

疲れて休む真淵のもとに、宿の主人が、この町の医者がお目にかかりたいと申しておりますと言ってきた。そういう状況を思い描いていただきたい。

普通なら、面倒だと追い返してしまうところだろう。真淵は、思い上がった才子など嫌というほど見ている。ましてや旅の宿である。

突然、話は明治年間、桑名の宿に飛ぶ。

旅先で素人の舞を見せられそうになった捻平、実は小鼓取って、本朝無双の名人・辺見秀之信は、

さて、飲まう、手酌でよし。此処で舞なぞは願ひ下げぢや。せめてお題目の太鼓にさつしやい。ふあはゝゝゝ

『歌行燈』泉鏡花

と舞を制したのと同じで、こんなところで『古事記』や「万葉」談義など願い下げだと言われても仕方ないところだ。それが会ってくれたばかりか、『古事記』研究の志を誉め、そのための『万葉集』研究の指導まで約束してくれたのである。破格の扱いである。

きっと真淵は、とても気持ちが良かったのではないか。

一夜、といっても対面時間は一刻、つまり二時間というのが普通だろう。この時間の中で、自己紹介をして、いよいよ本題に入るのだが、念入りに話を進めていかないと自説を開陳しただけで、「ああ結構だね、がんばりたまえ」となっては、会う値打ちはない。

宣長は、師の『古事記』観を聞きたい、それで自分の考えを更に深めていきたいと願っていた。密かに思案している『古事記』注釈へのアドバイスが頂けたらという気持ちで、拝謁を請うたのである。四方山話や雑談のためではない。また、真淵の京、大和旅行の成果を聞くのが本旨でもない。『源氏物語』についても、既に、『紫文要領』は完成に近づいているはずで、この話も無用。

では、そこに師の気持ちを向けるためには、どんな話題が適当か。

雰囲気は一瞬で決するものである。入念な準備なしで事に臨む人ではない。想像をたくましくするなら、まず『冠辞考』の業績を褒め称え、師の気分を良くする。さらに心をこちらに向けるため、『古事記』は「読み方」が大切ではないかと考えていると話を切り出す。きっと、「何を言い出すか」と、ちょっと驚くかもしれない。すかさず、『阿毎菟知弁』説を提示して自説を述べて、漢文に訳されている『日本書紀』と『古事記』は全く別の価値を有するものであることを話す。そして今、『古事記』の注釈を計画していることを打ち明け、そのために師のご意見を給わりたいと願う。

もちろんこれは全くの憶測である。果たしていかがか。

出会いは偶然だが、成果は必然である。宣長の強く求める心に、真淵が応えてくれた。

この出会いは、成功した。

「松坂の一夜」その後

「松坂の一夜」には後日談がある。

一つは佐佐木信綱が書いた「県居《あがたい》の十三夜」である。

大正五（一九一六）年九月、雑誌『中央公論』に発表されたこの一編は、「松阪の一夜」とは全く趣は違うが、やはり佳作である。

舞台は、江戸日本橋浜町にある新居「県居」。「県居」とは田舎住まいのこと。江戸の真ん中に住まいしていても心は故郷にあるという真淵の号である。月を愛でながら盃を上げる真淵が、あの松坂の一夜を懐かしく思い浮かべているという物語である。

普通、私淑する師に対面できて、しかも自分の志を応援して下さったのだから、この一夜を喜んだのは宣長であったと考える。

その推測に間違いはない。宣長自身、大変喜び、幾たびも回想し、感謝している。

だが、この「県居の十三夜」を読むと、真淵の喜びの大きさは宣長を上回るのではないかと思えてくる。

真淵にとっては松坂新上屋の一室は、桃源郷だったのかもしれない。夢見ていた真摯な学問がそこにはあった。だがそれは、一夜の夢、江戸に帰ったらまた学者崩れのような愉快な取り巻きに囲まれる日常が戻ってきた。

宣長もそれは同じである。次の日からいつもの日常生活が始まる。

だが二人に違いがあるとするならば、真淵は自分の学問を託す人にようやく巡り会うことが出来た安堵感であり、目は五月二十五日、対座した宣長の方を向いている。

一方の宣長は、心は既に真淵が果たせなかった目標に向かっている。

宣長は、常に過去を回想する。自分の出発点を確認するためだ。だが前を向いて進む。学問は、絶えざる更新にその未来があることを確信しているのである。

事を急《せ》くな

賀茂真淵先生に対面がかない、『古事記』研究の志を固めた宣長だが、基礎作業となるテキストの制定に着手したのは半年後の宝暦十四（一七六四）年正月であった。「心力を尽くした」と言うくらいだから、医業や家事は兎も角も、あとの時間は『古事記伝』執筆に専心努力したのかというと、実はそうでもない。

まず対面の直後には、『紫文要領』を書き終えた。『源氏物語』は「物のあわれを知る」という一言に尽きるとする画期的な学説である。「源氏」について、取りあえず一区切りをつけた。

『石上私淑言』もこの頃の執筆であろう。

本書は、和歌論であるが、実は和歌を生みだした日本という国についての論でもある。

まず、「物のあわれを知る」ことが「歌」の本質であることを説く。次に、和歌の「和（倭）」から日本の国号について考察し、さらに漢詩との違いを論じる。そして、漢詩に比べて和歌が女々しく見えるのは、神代の素直さを残しているからであると、古代論へと話を展開していく。

この二つの本を書くことで、宣長は、「物のあわれを知る」という視点は、『源氏物語』や和歌だけでなく、わが国の、より根元な問題に関わることを確認したのである。

また、これらの執筆と並行して、次の布石を打つのも忘れない。

これは、真淵も驚くほど性急な『万葉集』についての質問状『万葉集問目』の執筆である。

通信教育の開始

江戸に帰った真淵のもとに、さっそく送られてきたのが『万葉集問目』第一冊である。

巻一から四までの歌について、意味の不明な箇所や作者についての質問が列記されている。

どの程度の質問かと、現在の注釈書を参考にして見ても、たとえば三番歌の題詞「中皇命」は誰のことで、また読み方はとか、鏡女王について、また五番歌の「和豆肝之良受」など、一つとして容易な問いはない。つまり真淵から『万葉集』をしっかり学べと指導はされたが、既にかなりのレベルに到達していて、宣長が分からないものは真淵にも、というケースも少なくなかったようだ。

いくら「一か月」が鍵とは言っても、「松坂の一夜」から僅か一月でこんなレベルの質問が出来るはずはない。きっと、二年前から行っている『万葉集』講釈での疑問点をまとめたのであろう。この推測が当たっているなら、当時の松坂では、日本でもトップクラスの高度な「万葉」勉強会が開かれていたことになる。

これらの質問は真淵の回答を得てからも、さらに宣長の中でも幾たびも問い返され、たとえば、今例としてあげた質問なら、小論文「鏡女王額田王」(『玉勝間』)となり、また他の質問からは、『万葉集玉の小琴』に載せられていくテーマも多い。

それにしても、質問のレベルの高さと、余りの性急さに、さすがの真淵も驚いたであろう。忙しさもあって半年ほど留め置かれた。

年の暮れに至りようやく返事が出されたが、そこには、先ず入門誓詞の提出や束脩《そくしゅう》(入門料)など手続きを済ませてからと書かれていた。

そこで真淵は手続きのことは「詳しく恕庵生」に伝えたと書いているが、この「恕庵《じょあん》」が津の草深光武ではなかったかという説がある。

もしその説に拠るなら、妻の実父、つまり光武と真淵は接点があったことになる。

ちなみに、草深は谷川士清と宣長の仲介者でもあった。

細かな人間関係の中で、真淵と、あるいは士清と宣長は結ばれていたことになる。

第I章でも述べたとおり、どのような偉大な人格でも、独り屹立するわけではない。

対面から半年が過ぎ、真淵先生への入門誓詞、これを「うけひごと」というが、それも出して、正式な入門手続きが完了した。宣長三十五歳、真淵六十八歳。

江戸と松坂の質疑応答は、やがて、質問の後に回答記入の余白を設けることや、一冊には複数巻の質問を書かぬこと、歌には丁数（ページ数）を記すことなど、形式も整い、師の没する明和六年まで五年半にわたって続けられた。現存するのはそのうち十七冊である。

また、この「問目」には、『万葉集』以外の質問もある。

たとえばその中に、「天地」の読み方を再度問うというのがある。「松坂の一夜」で『阿毎菟知弁』をもとに自説を述べたときに、「違う」と言われたのであろう、再度考えて問うたのである。

これに対して、真淵は、別に書いたものがあるのでそれを送ると返事している。

この真淵説は、『古事記伝』に採用された。しかしその後も、再稿本から三稿本と更に熟考は重ねられていく。「天地」、このたった二文字の読み方だが、五年以上の歳月をかけてようやく結論を得たのである。

大事を為すためには

現在の外交交渉でも、両国の首脳が直接対面するのは、僅か数時間であるが、その前後に入念な交渉や調整があるものだ。宣長と真淵が、質疑の開始まで半年を掛けたことは仕方がないのかもしれない。

たかが『万葉集』や『古事記』と侮ってはいけない。

真淵という当時としては『万葉集』の最高権威からバトンを渡される宣長。

この二人のバトンリレーが、その後の日本の古典研究、いや人文科学の近代化への転換点となったのである。古典学は新しい時代へと入っていくのだ。この国に住む人たちの自国観が一変する契機となる、一大事である。

真淵からの入門許諾が届く頃、宣長は、『日本書紀』神代巻の講釈を開始した。次に、『古事記』と『先代旧事本紀』の校合《きょうごう》作業を行った。

「校合」とは、いくつかの写本や刊行本を比較して正しい本文を推定すること、つまりテキストを作ること。本は写すと写し誤りが生じ、印刷すると誤植が生じる。原本と次第に差異が生じてくるので、それを少しでももとに戻そうとする作業で、古典研究の第一歩である。いずれも、『古事記』研究の基礎固めである。

また、医療活動もようやく軌道に乗ってきたようで、郊外への往診から夕方遅くに帰ったという書簡も残る。家業を疎かにしてはいけない。

この半年をまとめてみよう。

まず、和歌論から『古事記』研究に進む理論武装をする。

次に、『古事記』と密接な関わりを持つ『日本書紀』を講釈することでていねいに読む。

並行して、テキストを作成する。

また、家業を疎かにしない。

ここまでなら何とか分かるが、宣長は更に、遍照寺歌会《へんじょうじうたかい》を新たに開始しているのである。毎月十七日、月一回とはいえ、既に嶺松院歌会が月二回開かれていて、『源氏物語』や『万葉集』の講釈も継続しているのに、もう一つ新しい会を立ち上げたのである。

しかし、これが宣長という人なのである。

開始した『古事記伝』執筆が三十五年かかるという具体的な計算は、まだこの時点ではなかったと思うが、それでも生涯をかける仕事という覚悟はあった。

長期戦になることが予想されるから、逆に家の仕事や、歌会のような趣味まで大切にするのである。大きな仕事をするために、しっかりと気分転換の用意をしておくのである。

無理はするな、と言っても、頑張らなくてもよいという訳ではない。頑張るために、全体を見渡し、バランス良く事を進める道を宣長は選ぶのである。会社の立ち上げ時に、社員の福利厚生までも考えるようなものだ。また後から考えるということはしない。

大きな事を為し遂げるためには、このような準備、あるいは余裕が必要なのである。

「義之」はなぜ「テシ」か

宣長は連続を尊んだ。学問もまた連続していくものである。そのためには崇めつつも批判することが必要である。

『万葉集問目』から一つ例を挙げてみよう。

『万葉集』は奈良時代に大伴家持が編纂した。歌集としては現存最古で、全二十巻、四千五百余りの歌が集めてある。まだひらがなやカタカナが発明される前である。日本語ではあるが漢字ばかり使用する。これを万葉仮名と呼ぶ。この読み方、どう読むかと、またなぜその字を当てたのかが「万葉」研究の中心議論となる。

巻十、二〇六六番歌に、「逢義之有者」とある。「あひてしあれば」と読むことについて宣長は質問する。

「義之」とか「結大王」(巻七・一三二一番歌等)の「大王」を「テシ」と読むことについて、先生は「義」は篆刻の「篆」の誤字で、「大王」は「天子」の書き損じとされるが、私は、誤字ではないと考える。

中国に王羲之《おうぎし》というすばらしい書家がいた。当時、その人のことを手が優れた人、「手師」と呼んだのではないか。またその子供も字が上手だったので、父を「大王」、子を「小王」と尊んだのであろう。いかがでしょうか。

だが、真淵は自説を譲らない。

宣長はその後も先生の説を検証し直し、やはり自説の方が正しいと『万葉集玉の小琴』で真淵の説を批判する。

カタクリとカタカゴ

宣長の問いは理詰めで執拗だ。時には師を師とも思わぬかのような態度もあった。真淵はそんな弟子をたしなめ、また厳しく叱りながらも、熱心に自分の知る限りを伝えようとした。

ある時、宣長は師に『万葉集』巻十九（四一四三番）

もののふの　八十《やそ》をとめらが　汲みまがふ　寺井の上の　堅香子の花

の「堅香子」（カタカゴ）について問うた。

真淵は、これは「カタゴ」とも言い「カタクリ」のことだと、絵まで添えていねいに答えた。

数年後、宣長は津の谷川士清《たにがわことすが》に、「カタクリ」とはどんな植物かと質問する。

士清は医者で、また『倭訓栞《わくんのしおり》』という五十音順の国語辞典を独力で作った博覧強記の人である。さっそく詳しい形状や特色を書いた書簡が届いた。

答えに満足した宣長は、ではカタクリと『万葉集』のカタカゴを同じだとする説があるが、いかがかと再度質問する。

先生を信じるとか信じないの問題ではなく、納得できるかどうかが宣長にとっては一番大事であった。そのためには、宣長は決して結論を急がない人であった。

天才肌の真淵先生

質疑応答は、納得できるか否かで、着地点も見出すことは可能だが、中には、どうにも折り合いを付けかねる問題もあった。目標は同じでも、真淵と宣長の隔たりは大きかった。

たとえば、自分でも歌を詠むことが、学問のためには大切だ。これは両者一致している。

ではどんなスタイルの歌を詠むか。

真淵の主張は終始一貫して、『万葉集』を学べ、そして万葉ぶりの「古風歌」を詠めである。古風歌を詠むことで古の雅は自分のものとなり、理屈倒れになることをまぬがれることが出来るというのだ。

一方、宣長には既に和歌や『源氏物語』について定論があり、特に詠歌についてはは必ずしも師に同調しなかった。

真淵は書簡で、「新古今集を御好之事、小子が意と甚違候」とか、「詠歌の事よろしからず候。・・風調の事、心得がたしとの御問、こはいか成事にか、風調は意の高きと賤は、たれか見わかざらむ、古今歌もいづれをよしとの問も心得ず」と、かなりいらだっている。

宣長の歌を添削した評になるとさらに厳しく、「だめだ。歌ではなく俳諧だ。恋の歌は艶で哀れな情感が命だ。おまえの歌は『新古今集』の出来損ないを選んで手本とし、結局は後世の連歌以下となってしまっている。こんな歌を好むなら「万葉」の質疑は止めてしまえ。これでは『万葉集』は何の役にも立たない」と、こんな調子である。

気質や性格も違う。

真淵は感性の人である。宣長宛書簡を読むとき、その感情の起伏の大きさに驚かされる。先にも一節を引いたが、

おのれ三十年以前東都へ下りし時、千万人挙て異端とて悪みしを、操を改めずして十年ばかり経るほどに、その悪みし人多くは来て門下に入たり

とか、

万葉より入、歌文を得て後に記（古事記）の考をなすべきは拙が本意なり。天下の人大を好て大を得たる人なし、故に己は小を尽て大に入べく、人代を尽て神代をうかがふべく思ひて今まで勤めたり

と、流麗な筆致と行文に酔ってしまいそうになる。

物、方《ホウ》なれば得やすし、只、皇朝の丸《マル》様の意こそ得がたけれ」

も、基準があるものは学習することが出来るが、無いものは形式的な学問では理解できないという意味であろう。基準、則ち儒仏というような教えのなかった日本の古代は、理屈で裁断することは出来ない。歴史を生きた人の心の理解こそが大切だ。だから古風歌を詠めと言うのだ。印象に残る言葉である。

宣長を破門する

真淵が天才肌であるのに対して、逆に宣長は、学問する器械のような人である。机に向かえば頭のデータベースから必要な情報がよどみなく出てくる。そしてそれが乱れのない筆跡で記される。思考の筋は通っている。それが師の感情を逆撫でする。「万葉古撰説」は真淵が自信を持って出した万葉成立論である。概要は、巻一、二、十三、十一、十二、十四の六巻が橘諸兄の撰んだ「古撰万葉」、つまり原型であるとする説だが、宣長はそれに反するような意見を述べた。激昂した真淵は、証拠を全部出してみろと言う。そこで宣長は師の言葉に従い証拠を挙げ自説を述べる（『万葉集重載歌及巻の次第』）。これが火に油を注ぐ結果となった。

万葉撰者巻の次第等の事御記被遣候。是は甚小子が意に違へり、いはばいまだ万葉其外古書の事は知給はで異見を立らるゝこそ不審なれ。か様の御志に候はば向後小子に御問も無用の事也。一書は二十年の学にあらでよくしらるゝ物にあらず。余りにみだりなる御事と存候。小子が答の中にも千万の古事なれば、小事には誤りも有べく侍れど、其書の大意などは定論の上にて申なり。惣而信じ給はぬ気顕はなれば、是までの如く答は為まじ也。しか御心得候へ。若猶此上に御問あらんには、兄の意を皆書て問給へ。万葉中にても自己に一向解ことなくて問るゝをば答ふまじき也。されども信無を知るからは多くは答まじく候也。此度之御報に如此御答申も無益ながら、さすが御約束も有上なればいふ也

一つの本は、二十年の学を積まねば究めることは出来ない。古のことを論ずる私の説の中には瑕瑾《かきん》もあるかもしれないが、全体を見極めた上での発言であることを思え。信じる気持ちのない者に答えることは出来ない。破門である。真淵の落胆と深い悲しみに、宣長は「県居大人の御前にのみ申せる詞」を呈し謝罪をする。

真淵の寂しさ

真淵は寂しかった。もう一度宣長に会いたいと思う日もあった。『万葉集』全巻に及ぶ質問が終わると、また最初にもどり再び質問をしたいという宣長の申し出を了解し、

今は東行はなされがたく候哉。何とぞ、ぬけ参りの様にても、存命之間御越をまち入候

と書き添える。江戸に来ることは出来ぬか。抜け参りみたいに黙って家を飛び出せばよいではないか。生きている内にもう一度会いたい。言葉の一つ一つにその思いの深さを知る。

『万葉集』二度目の質問は一年半で終わった。

万葉再問此度に終候事、珍重御事也。但万葉の考ハ二度三度なとにて尽べからね
と、さのみ一書に泥むべからねば、先此上は他にうつり給ふもよき事也

『万葉集』卒業である。宣長三十九歳。続いて質疑は、「宣命《せんみょう》」へと移る。「宣命」は天皇のお言葉を記したものであるが、読み誤りのないように助詞や助動詞、活用語尾も略さず記される。そこに着目した宣長の慧眼を、

己いまだいはざる事にて、甚感服いたし候

と讃えながらも、「小を尽くし大に入れ」と、新上屋での諭しを繰り返す。これが現在日付の確認されている中では最後の手紙である。

哀惜に堪えず

真淵はこの年、明和六年（一七六九）十月晦日に七十三歳で没した。宣長の下に連

絡が届いたのは一か月余たった十二月四日であった。その日の『日記』には、

四日、師賀茂県主去十月晦日酉刻卒去之由、自同門楫取魚彦告之、其状今日到来、不堪哀惜

（四日、師賀茂県主去る十月晦日酉刻に卒去の由、同門楫取魚彦よりこれを告ぐ。其の状今日到来、哀惜に堪えず）

とある。魚彦《なひこ》の告げるところに依れば、頼りにならぬ門人ばかりで、結局手伝う者もなく、真淵は一人『万葉考』出版作業を進め、

畢竟病根は万葉集にて、生涯此事に被終候

つまり『万葉集』と討ち死にしたようなものだという。

不堪哀惜（哀惜に堪えず）

宣長の悲しみは『日記』のこの四文字に込められる。師には報告していないが、既に宣長は『古事記伝』を書き進めていた。真淵もそのことを知っていただろう。

お前は『古事記』を貸せとたびたび言うが、「万葉」が済んでからだ。一回質問が終わったからといって、これで「万葉」が終わったと思ったらそれは大きな間違いだ。お前が一度の質問で「万葉」が分かったなどと思うとしたら、契沖や荷田春満や私が百年近く「万葉」について考えてきたことはどうなる。未だに分からないことがあるのは、この者たちはみんな愚かだと言うことになるではないか。

古風歌が自在に詠めるようになり、古文が書けて、「万葉」やその他古文や古歌に精通した上でなくては『古事記』や『日本書紀』を読んでも何の功績も挙げられない。

古今天下の人大を好まぬはなきに、誰か大を得し人有やだから最初から大きな目標に挑む、つまり高望みするのは何も分かっていないということなのだ。私だって大きな目標は持ってはいるが、手順を踏まなければ無理だと分かっているから、まず古文や古歌をうるさく言うのだ。それが大きな目標を達成するもとなのだ。

しかし、誰一人としてこのことを実行した者はいない。だから私は頑張っているのだ。このことをしっかりとわきまえよ。すぐ出来るものにはろくなものはないのだ。

これは明和三年四月十五日、真淵が宣長に宛てた書簡の一節である。今、大意を紹介したが、この時、宣長は三十七歳。翌年五月には、『古事記伝』の本文注釈最初の巻が、六月には二冊目が脱稿している。その一年前だ。宣長は『古事記伝』を着々と書き進めている。

江戸と松坂、四百キロを隔てていたことは、それぞれ独自の世界を持つ二人には幸いでもあり、哀しみでもあった。

学問の未来を信じる

　宣長は良き師に恵まれた。

　契沖の学問から日本古典研究に入り、賀茂真淵との出会い、そしてその厳しい指導の下で自らの学問を鍛えていった。その学恩に対し、繰り返し回想しては感謝の気持ちを述べるのだが、一方ではこんなことも言っている。

「契沖の登場で学問は一新した。この人に比べたらそれ以前の学者は役立たずの馬みたいなものだ」と安藤為章が言うのはもっともである（安藤は『紫家七論』の著者として既に名前が出てきている）。だが、その契沖も、真淵先生と比べたらやはり駄馬のように見えるだろうし、真淵先生の説でも、今の私には必ずしも満足できるものではない。そう考えると、私の説も将来どんな評価を受けるかは分からない、と。

　これをただ宣長の学問に対する厳しい覚悟だと読んだだけでは充分ではない。学問の未来への希望の言葉なのだ。

　契沖の『万葉代匠記』により、長い歴史を誇る『万葉集』研究は一大転機を迎えた。

しかし賀茂真淵の『万葉考』はさらに優れている。単に後からできたからというだけではなく、真淵という天才だからこそ為し得た仕事なのだが、しかしその真淵説さえも、宣長は『万葉集玉の小琴』で徹底批判する。

万葉研究だけではない、『古事記伝』でも真淵説を批判する箇所は多く、また『大祓詞後釈《おおはらいのことばごしゃく》』などは真淵説では充分でないから「後釈」と命名したのである。書き直しだ。

まるで目の敵みたいに真淵説を批判するので、不愉快に思う人も出てくる。同じ真淵門に学んだ友人の荒木田久老《あらきだひさおゆ》も我慢できず、「先生に対して失礼だろう」と怒るのだが、宣長の信念は揺るがない。「学説に私情を交えることは徹底排除し、逆に、師説を乗り越えて行けというのは他ならぬ真淵先生の教えなのだ、だから先生は偉大なのだ」と言い返すのである。

気にすることはない。「何事もつぎつぎに後の世は、いと恥づかしきものにこそありけれ」、何でも後の人から見たら恥ずかしいものなのだよ。

ただこれはどこまでも事実の究明の問題であり、師への尊敬の念とは全く別である。宣長の中ではこの二つはきちんと区別されていた。

真淵については、その命日には、謹直な文字で「県居大人之霊位《あがたいのうしのれいい》」と書いた軸を床の間に掛けて、師の偉業を後進たちに語り伝えた。「県居」とは真淵のこと、「大人」とは偉大なものへの敬称である。真淵十三回忌を松坂で催した時に、宣長自らが書いたのだという。

師が逝き、年月が流れ、宣長には真淵の偉大さが、そしてその孤独が痛いほど分かった。その中に育った深い感謝の念がこの一幅に結実する。また、真淵には会ったこともない松坂の宣長門人も、師の真淵に対する感謝の念を共有し、歌を手向《たむ》ける。それらを集めたのが『手向草』である。

寛政十(一七九八)年六月十三日、『古事記伝』全四十四巻を擱筆した宣長(六十九歳)は、門人のもとめで学問入門書『うひ山ぶみ』を著す。学者としての人生の総決算ともいうべきこの本の中で宣長は、志を立てよ、「年月長く倦ずおこたらずして、はげみつとむるぞ肝要」である、と後進を励ます。そして本文の一番最後には、『古事記』、『日本書紀』の次には『万葉集』を学び、古風歌を詠むことを勧める。歌を詠まないと古の細やかな心や、風雅の実際を知ることができないということの言葉は、三十六年前、「松坂の一夜」で真淵が語ったことと同じであった。

また宣長は、契沖の住まいで、墓もある大坂の円珠庵にも足を運んでいる。最初は六十四歳の時だが、途中で日が暮れ、宿も遠かったので行くことを断念した。しかしあきらめない。八年後の享和元（一八〇一）年、和歌山からの帰りにもう一度探して訪ねている。ようやく思いを遂げることが出来たのだ。

奇しくも契沖没後百年目、宣長が没する年の春であった。

学説は公のものであり、学恩は私なのである。

長いスパンで考える

「天地」の読み方を宣長は、おそらく五年近く考えていた。

真淵は、一つの本を研究するのには二十年という時間は必要だと宣長に教えた。

宣長が『古事記』を買ったのは二十七歳、『古事記伝』が書き終わったのは六十九歳、四十二年の歳月が費やされた。

しかしその学問を、真に理解してもらうためには五百年、一千年という時間がかかっても仕方がないと考えていた。この途方もない年月も、宣長にとっては、かなりリアリティーのあるものだった。

たとえば、現存最古の歴史書『古事記』は七百十二年に編纂されてから、賀茂真淵、宣長によりその真価が見出されるまでちょうど一千年が経過している。『源氏物語』でも、宣長という最良の読者と巡り会うのに七百五十年かかった。人間の一生などをものさしにしていては、文化は到底計りきれないものなのである。大きな仕事を成し遂げる人は、分針を刻む時計と、長大な時間を計るものとを併せ持っている。

五十二歳で江戸進出を果たした三井高利

宣長の生まれた家、その隣は有名な豪商、三井家である。

越後屋の創業者、三井高利が松坂本町に生まれたのは、宣長よりも約百年前の元和八（一六二二）年であった。江戸出店の夢を抱き、この町で商いをしながら策を練った。資金を貯めて、アイデアを蓄え、妻かね（寿讃）との間に授かった十男五女を後継者として育て、いつか来る日に備えた。チャンスが到来しなければ、地方の一商人で終わったかもしれない。それでも、その思いは子どもたちへと継承されていったはずである。その日のために、入念に準備をしておく。

延宝元（一六七三）年、高利五十二歳、待っていた時が来た。高利は一気に江戸、京都に店を出し、越後屋の大躍進が始まるのである。

無理をしてはいけない。かならず好機は到来するはずだと未来を信じ見据える目は、宣長と共通するものがある。

三千五百年先を見据える原田二郎の目

幕末、松坂の紀州藩士の家に生まれた原田二郎は、明治、大正と銀行家として活躍しながら、社会福祉の必要性を思った。銀行家である自分に出来ることは何かを熟慮し、経済的に支援することを決意、全資産を寄付して原田積善会を立ち上げた。

その時に、資産と一緒に一枚の紙を渡した。それは、三千五百年間の利息計算書だった。寄付した金を賢く運用すれば天文学的な数字になるというのである。

この話をすると、人は翁のユーモアだという。しかし私は原田翁は真剣に考えていたのだろうと思う。時間軸が違うのである。

同会は発足して九十年経つ今も、その使命を果たし続けている。

またやりなおせばよい

近世の松坂は、三井家や長井家、小津家といった江戸店持ち商人の町として栄えた。郊外に位置する射和や中万からは、富山家、竹川家、国分家、竹口家という豪商が、江戸などで活躍した。その中には、今も三百年以上も暖簾を守っている家がある。

ある店のご当主とお話をすることがあった。その時、「だめならまた松阪に帰って一からやり直せばよいだけです」と、にこやかに応えられたのが印象的だった。

三井家の家訓を見ていても、どうにも立ちゆかなくなったら家族は松坂に戻れともある。捲土重来、戻ってチャンスが来るのを待つのである。

これは近世という身分社会の中で商人が生きていくための知恵、あるいはしたたかさでもあったろう。宣長は、松坂の商人たちは、主人は国で遊んでいて、実際の商いは番頭や手代任せであると書いている。最前線からはあえて距離を取り、遊んでいたかどうかは別にして、全体を見渡す、それが松坂商人である。空間的な広さだけでなく、過去から未来という時間軸も含めての全体である。

このような環境の中で、宣長の目は鍛えられていった。

その見方に立つとき、歴史を学び、文学に親しむ意義も自ずと了解できよう。人々の歩みを俯瞰するには歴史に学ぶに勝るものはないし、その主役となる人間社会を理解するのには、文学に及ぶものはないのである。宣長の周りに集まった人たちは、歌を詠み風雅の中で交流することで豊かな人間性を培っていたのであろう。

本当の視野の広さとは

長い時間の流れの中で、また大局から見ることが出来た宣長だが、論敵、上田秋成からは、

今一層目を高くして見よ

と叱られている。「日本」の優位性を説く宣長に秋成は腹を立てたのだ。だが世界のことを考えるだけで視野が広くなると言うのも短絡的だ。そもそも、どちらがより高くに立っているか、色々なことを見ているかは重要であるが、それより、立ち位置が定まっているか否かが大事なのである。つまり、志があるか否かである。

谷川士清の油断

この章の最後に、もう一つの「松坂の一夜」の後日談を書いておこう。情報を充分に活かせなかった人の話である。

事を成就するためには、必ず成し遂げるという「意志の力」が必要だ。といって、志（目標）を立ててねばり強く進むことだけではだめで、そこに至るまでの過程を具体的に思い描いてみることも必要だろうし、何より「情報を活かす」ことが必要である。

「情報」という言葉は、もちろんごく最近のものだが、では宣長の頃はいったいなんと呼んでいたのか、それは分からない。ただこの言葉を使うと、上手く説明できるということは、既に現在と世の中の仕組みでは共通点があったということだろう。

宣長は別の道を選んだが、周囲は皆、立派な松坂商人である。彼らが大切にする「信用」や「情報」を、宣長もまた大事に活用した。

津に谷川士清という垂加神道の学者がいた。温厚な人柄で、篤学。既に『日本書紀通証』という著書もあり、名も知られていた。士清と宣長の年齢差は二十一歳。京都時代、宣長は郷里のこの先輩の著作を書き抜きながら、羨望のまなざしでその活躍を見ていた。

士清もまた真淵の来訪を待ちわびていた。既に伊勢に来るという情報は入っている。無名の宣長とは違う。

ところが油断があった。津を通るときには当然、真淵は私の所にも立ち寄るだろうと安心したのだ。

だが、真淵は一枚上手である。士清が待っていることを知りながら、学問に対しての考え方が違う人と会っても煩わしいだけだと、あえて素通りして、先の白子《しろこ》まで道を急がせた。士清は一生に一度のチャンスを逃してしまった。

情報は持っているだけでは意味がない。適切な判断と、迅速な行動が必要なのである。

宣長の情報収集

宣長と情報については、後年のことだがこんな話がある。寛政二（一七九〇）年、宣長六十一歳の時、江戸から安田躬弦《みつる》という文人が、松坂まで来たのだからと宣長を訪ねた。本業は医者だが、文人として交友も広い人であった。躬弦は、日本古典では著名な宣長に色々話を聞くつもりだったが、逆に宣長は、江戸の様子を聞きたがったそうだ。

古典研究は趣味道楽ではない。生きる指針である。進むべき方向を示すものである。そのために、宣長が行ったことの一つは、学問の流通革命であった。それが成功したのは、事細かな配慮や全体把握など、色々な要件があるが、抜群の危機回避能力が備わっていたこともその一つである。そのためにも、情報は欠かすことが出来なかったのである。

これらのことについては第Ⅵ章で取り上げることとする。

V

考え続ける

◉この章では、宣長三十五歳から五十九歳までを取り上げる。元号では、明和、安永、天明年間である。

◉三十代から五十代といえば、今でも働き盛りで様々なことがあるものだ。また人生観も変わることがある。それは宣長も同じ。ただそのような忙しい生活の中でも、宣長は、考え続けた。その姿を追ってみたい。

◉まず最初に、宣長の転換点となった明和年間を取り上げる。三十五歳から四十三歳である。

◉この最初の六年間は、Ⅳ章「四百キロという距離」で取り上げた、真淵の指導を受けながら『古事記』研究を開始した時期と重なる。つまり宣長にとって転換期とは、懸命に『古事記』と格闘する中で始まった。

◉四十歳前後、内でもまた外でも、重要な出来事が相次いだ。母や師との別れ。このことは宣長に一層の自立を促した。また言葉の法則の発見や、着々と進む『古事記伝』の執筆を通し、物まなび（学問）の力を信じる気持ちは一層堅固になった。逆に、物まなびが深まるほどに、また明和のおかげまいりを実見した体験を通し、人間の知恵の限界を思うようになった。

◉四十三歳、後厄を無事に済ませたことへの感謝もあったのだろう、三月、友人たちと連れだって大和国吉野、飛鳥を旅する。念願の吉野水分神社への参拝や、『万葉集』や『古事記』など古典の舞台を精力的に巡る。

◉四十四歳の時に、自画像を描いた。またこの年の暮れ、『授業門人姓名録』を作成する。それまでの友人、仲間という関係から、師弟関係への転換である。この頃、宣長の古典研究者としてのスタンス、そしてまた一人の人間としてのスタイルがほぼ定まった。

◉明和に続く、安永年間も宣長は、考え続ける。「考える」という行為の中に、宣長という人の存在はあるといってもよい。

◉考え続ける宣長の周りに、その学問や態度に共鳴した来訪者が訪れるようになる。また書簡を通しての質疑応答も次第に増えてきて、ネットワークが急速に形成されていく。

◉天明年間、宣長も五十代である。この時代は、天明の飢饉やまた宣長の体調の不調もある。そんな時は無理をせず、気分を変えて暦や天文などについて考え、また家をリフォームして書斎「鈴屋《すずのや》」を増築する。

◉天明年間後半、注目すべきことがいくつかあった。まず、尾張徳川家の重臣・横井千秋の登場である。このことで『古事記伝』出版は実現に向けて大きく動き出す。

◉また千秋は、宣長の学問の力で藩政改革を行えないかと模索する。ちょうど同じ頃、紀州徳川家の側から宣長に献策を勧める人がいて、『玉くしげ（秘本玉くしげ）』と『玉くしげ別巻（玉くしげ）』を提出することになる。

◉天明八年、京都で大火があり、御所をはじめ町の七十五パーセントが消失した。京都御所の復興に尽力したのが老中・松平定信である。いよいよ寛政年間の始まりである。

転換期

人の一生には、大きく変わる時期がある。何かの出来事がきっかけで一日で変わる人もいれば、長い時間を掛けてゆっくりと変わる人もいる。宣長の場合は、後者である。実に九年という時間をかけて方向を変えていく。

真淵から入門の許しを得たのが宝暦十四年正月、この年、改元があり時代は明和と改まる。同六年十月に真淵が死去するまで、宣長は真淵の指導を受けながら密かに『古事記伝』執筆に取りかかっていた。

『古事記』に限ったことではないが、古典を注釈するためには注釈者は立ち位置を定める必要がある。ましてや『古事記』は神代の伝承で、世俗の論理の域外にある。真淵の言葉を思い出して欲しい。

故に己は小を尽て大に入べく、人代を尽て神代をうかがふべくこの覚悟がないと、いくら言葉を精確に解釈したとしても、その古典の真の理解、真髄には到達できない。

京都修学期の宣長を牽引してきたのが、証拠を挙げて考える契沖の学問であった。しかしそれでは足りない。何が足りないのか。それは、古代という、現在の論理とかけ離れた別の世界に入るという意識の切り替えではなかったか。

宣長は『冠辞考』を理解するのに苦労した。もちろん特異な言語説もその一因だろうが、もう一つは、古代の論理を会得したという真淵の考え方に驚いたのである。

つまり、真淵の指導とは、『源氏物語』や和歌で人の代を一通り眺めた宣長が、『古事記』の世界に入っていくための階梯であった。

人間の力以上の存在がある

この頃、宣長の思想に影響を及ぼすようなことが次々と起こった。

まず、言葉の法則の発見である。

嶺松院歌会で知り合った須賀直見《すがなおみ》らと始めた『二十一代集』会読。そこに載る三万五千首を越える歌から、たとえば「こそ」とか「けり」などを抽出していく中で、日本語には「係り結びの法則」など整然とした規則があることに気づき、その体系化に成功した。人々が思い思いに使っていると思っていた言葉が、法則に則って変化しているのである。

日本語の「単直」さにも驚いた。日本語の音節構造はきわめて単純で、正音は僅か四十七とか五十音しかないのである。それでいて、たとえば漢文にはない、詞の活用やテニヲハにより、世界を認識したり、細やかな心理描写を可能にしているのである。いったい誰がこのような精緻な言語体系をつくったのか。この衝撃に宣長は、人間の力以上の存在を感じた。

また、『古事記』を研究する中で、この書の背後に、自分たちが持つ論理では説明しきれないものがあることを確信し、古道論『直霊《なおびのみたま》』をまとめた。

四十二歳の時には、「おかげまいり」が起こった。

これは約六十年に一度起こる集団のお伊勢参りである。奇怪な幟《のぼり》を立てたりした一行が足で拍子を取り歌いながら神宮を目指し歩いていく。そこには老若男女、使用人や子どもをつれた母親なども交じる。この時の推定参詣人数は二百万人。街道の町松坂は大変な騒ぎとなった。

人々の熱狂はやがて冷めていくが、宣長は違う。このような一連の体験と向き合うことで、世の中には人間の知恵の及ばぬ領域があることを知り、驚いた。

宣長は宗教家ではない、どこまでも証拠を挙げて筋道を立てて考えようとする。しかしその一方で、適当に都合よく、自分たちの論理で説明を果たそうとする小賢しいことは考えていない。であるが故に人間の理解の限界と、その先にある「神」の存在を確信したのである。このようにして、宣長のスタンスが次第に固まっていく。

明和の最終年となる九年、四十三歳の後厄を済ませた宣長は、大和にある吉野水分神社に花見をかねてお礼参りをした。飛鳥の史跡や北畠国司家の旧都多気を訪ねる有意義な十日の旅であった。

知の集積を活かすには

さて秋成は、「今一層目を高くして見よ」と宣長を叱ったが、本当に視野を広げようとするならば、立ち位置が定まらないといけない。

立ち位置が定まった時、それまで学んできたものは一挙に体系化していく。宣長の場合も、「好信楽」などと言っていた頃に吸収したものは、『古事記』の注釈という志が定まったことで、それぞれの力を存分に発揮する。

話は、脇に逸れるが『日本随筆大成』（吉川弘文館）という近世随筆の膨大な叢書がある。他にも類似するものでは『燕石十種』や、新しい編集では『随筆百花苑』などたくさんある。

ここで「随筆」というのは、現在のエッセイよりもっと範囲が広い。その主流を為すのが考証随筆である。専門の学者から市井の雑学者までが、神や宇宙の問題から、茶店の団子の大きさまで、それぞれの関心の赴くままに、知力を尽くして考証したものである。

読めば無類の面白さで、暇つぶしにはもってこいだが、何かの役に立つ訳でもなく、大半は発表もされず放っておかれた。

この知識やアイデアの宝庫のようなものを、刊行することで共有してもらうことを思いつく人がいる。山東京伝の『骨董集』や宣長の『玉勝間』がその例だ。またデータベース化しようという試みもある。たとえば谷川士清の『倭訓栞』喜多川守貞の

『守貞謾考』、屋代弘賢の『古今要覧稿』などがその成果だ。

「パクス・トクガワーナ（徳川の平和）」と呼ばれたりもするように、江戸時代は、世界史上でも稀な時代である。飢饉や火事などはあったが、それでも平和な時代が二百五十年近く続き、その中で、高い識字率、旺盛な好奇心、教養の前では身分の隔てがないという大変贅沢な条件が整い、人々は、知の浪費にしか見えないような営みを続けた。

だが、この無駄な考証の山も、活用の仕方次第では一変して資産となる。明治以降の歴史や文学あるいは民俗学研究は、西洋の理論を学び学問として確立していくが、その内容の豊かさは、近世の考証家たちの成果に大きく依存しているのである。柳田國男などはその好例だ。

結局は、高い目標が有るか否かである。志を立てて、目的を完遂しようとしたとき、それまでバラバラだった知は、統合される。あるいは方向性を持ち出す。

また、物を見るのにも、適度な距離というものがある。目的に応じて、その距離は変わる。

『古事記』を比較神話学というような立場で研究しようとするなら、世界という視野を持ち込めば豊かな成果は期待できようが、私たちの祖先の声を聞くという目的のためには、それよりも『古事記』の世界に内在する論理を知ることが先決である。

宣長はそれに気づいたのである。

世界の様子

宣長の生きた十八世紀、しかも豪商の町松坂では、情報は思いがけぬほど潤沢にあった。

家の向かいは、木綿商丹波屋長谷川家である。

今もその屋敷は残るが、同家の荷物を積んだ船が難破し、アリューシャン列島に漂着、船頭と船員はロシアを経てエカチェリーナ二世の計らいで帰国する。船頭大黒屋《だいこくや》光太夫《こうだゆう》は、幕府に幽閉されるが、難破状況などは当然長谷川家にも伝わっている。あるいは長谷川家は知ろうとする。

また、この町には遠く長崎で商いをする人もいて、宣長も土産に紅毛筆をもらっている。石見浜田藩の儒者小篠敏は藩命で長崎に学び、松坂に来ては宣長の下で学んだ。

かれもアルファベット図や間接的に聞いた紅毛人の話を宣長に伝えている。長崎の画家・石崎融思も宣長の所を訪ねている。

面白い話がある。宣長が尾張徳川家の面接を受けたときに、面接官の人見が、

「『職方外記』なども当然ご覧になっているでしょうな」

と鎌をかけてきた。宣長は、

「『幾何原本』、『泰西水法』などのご禁制の本はいくつかありますが、そんな本をたとえ読んでいたとしても、正直に答えるとお思いですか。もちろんこの本は、享保の頃に禁制は解かれているそうですが」

とかわしている。読んでいるのである。宣長のノートにはこの西洋の地理書がていねいに抜き書きされているのである。

世界的視野は本当に必要か

宣長は、契沖や真淵がどのような態度で学問にむかってきたか絶えず考えていた。彼らの遺志を継ぎ、一歩でも前に進めることが宣長の目的である。

売名行為で門人を集めたり、師を批判するのではない。伊達や酔狂で「県居大人之霊位」軸を掛けているのではない。先師の志を見失わないためなのである。

十八世紀半ばを過ぎると、日本もいよいよ情報化社会に入ってきた。それまでの文字情報に画像情報が加わり、質量ともに飛躍的に増大した。その中で、宣長は『古事記』の声を聞くのに、本当に必要なことは何かを見極めようとする。そんな宣長には、目的のない相対主義や、思いつきをならべることが、いかにも無責任な態度であるかよく分かっていた。

世界的な視野が必要ないというのではない、その目的である。それを本当に必要とする人が出てきたら、日本というレベルから、世界という所まで引き上げることは、既に可能な時代に入りつつあった。

これは宣長よりあとの十九世紀前半の話だが、松坂の商人竹川竹斎、国分信親兄弟が精密な世界地図を写している。あるいは竹斎は海防問題を考える。

彼らの頭の中では貿易、あるいはそれと密接に関わる海上交通の安全という問題が、現実味を帯びてきた。その問題意識の中で「世界」という視点を持つことが必要になったのである。

どちらがより高くに立っているか、色々なことを見ているかより、立ち位置が定まっているか否かが大事なのである。つまり、志があるか否かである。

日本人の問題として考える

宣長が判断を下すときの基準は、「日本人の問題として考える」であった。ごく当たり前の事のようだが、なかなかそうはいかない。

　儒者

儒者、品川へ引移《わたまし》、弟子ども、家見の祝儀に行き、「先生は繁花の日本橋をお見捨てなされ、何のよき思召御座候哉」。儒者、まじめな顔にて「唐に二里近い」

『【珍話】楽牽頭《がくたいこ》』（明和九年序）に載る江戸小咄だ。

日本橋から品川にわたまし（引っ越し）た儒者に、ご不便でしょうと言うと、唐に二里近いと胸を張った。確かに品川なら中国に八キロほど近いかもしれないが、当時の知識人の中には、判断基準のぶれた者が実際にいたのである。小咄だと笑ってばかりはおれない。

『神器伝授図』や「大日本天下四海画図」、また和歌を研究することで、宣長の中で一つの考えが芽生え、育っていった。それは「私は日本人だ」という自覚であった。中国は日本のお手本であった。なかでも文字、漢字の影響は大きかった。漢字抜きにしては日本語研究も古典研究も始まらない。だから宣長も中国王朝の変遷を頭にたたき込み、漢字を深く研究した。そしてすばらしい成果も収めている。

例えば、宣長は「オ」をア行、「ヲ」をワ行に位置づけた。それ以前は逆であったものを今の形に直したのである。これも厳密な漢字研究の成果である。

ところが、この宣長の漢字研究に対しても不十分だという批判がある。批判する人は、中国語の文字「漢字」の知識を拠り所にしている。だが宣長は違う。日本人の耳に聞こえ、識別され、口で発音する、日本人が使う漢字を考えていた。だから、いくら中国で区別されている音でも、日本人が区別していなければないのと同じだと無視したのである。

本来、漢字は中国語の文字である。それを日本人が借りて音読みしたり、訓読みしたりして、万葉仮名と呼ばれる漢字ばかりで日本語を表記する方法を考えた。

また、そこからひらがなやカタカナを発明した。たとえば「安」、音は「アン」。家の中に女が座っている形で、やすらかという意味、安寧である。そこで訓は「やすい」。またこの字を連続して書くとひらがなの「あ」になる。カタカナの「ア」は漢字の「阿」から生まれた。

私たちの祖先は利口だったから、漢字文化の全部を採用するようなことはせず、要るところだけ借りて独自文化を構築した。宣長は、この先人の見極めを十分理解していた。

たとえば、我が国の古代には「ン」がなかったという説を立てた。

それに対して、近代の研究者は、宣長は韻の末尾の区別が曖昧だったと批判する。だが、国語学者尾崎知光氏はそれは違うという。そして次のように述べる。

宣長は漢字音としての別を知った上で、その差は日本音のヌとムの如く明瞭なものではないから、これは一つにしてよいと考えたものであろう・・(宣長の)『漢

字三音考』を理解するときに大切なことは、著者は漢字音を日本語の音韻の枠内で「翻音」された和音としてとりあげている

「『漢字三音考』の本旨―ンノ問題にふれて―」

古代の日本人も、また宣長も、漢籍や漢字の知識を充分に有していた。その上での選択である。

からごころ批判とは

これは漢字だけではない。儒教や漢文学を勉強する時、いつも宣長の頭にあったのは、自分の立ち位置である。私は日本人である。あるいは『古事記』の時代とは一千年以上の隔たりがある。これを自覚することであった。

やがて宣長は、儒教や漢意批判を展開するが、中国の儒学や中国人の思考法を批判するのではない。それらは中国という風土と、歩んできた歴史から生み出されたものであって、批判する筋合いはない。

問題は日本人である。中国の思想を無批判に、まるで自分たちが見付けたように威張り、有り難がる日本人自身を批判したのだ。「唐に二里近い」と胸を張った儒者だけではない。借り物の思想で満足する人たちへの警鐘を宣長は鳴らしたのである。

歩くと地図が描ける

宣長が七十二年の生涯で、飛鳥を歩いたのはたった二回、日数で言えば二日半である。今、私の周りにいる歴史好きに問えば、飛鳥には何回行ったか分からないと口を揃えて言う。では、宣長の訪ねたところを隈無く見ているか、あるいは記憶しているかというと、全く比較にならない。

十九歳の時の京都行きと同じで、事前準備、集中力、目的意識が違うのである。それプラス、歩くと地図が描けるという特技があるからかなわない。だがこの特技も、結局は、頭の中に地図を広げ、常に自分の座標を確認するという、つまり周辺を観察する心がけの賜物であることは忘れてはならない。

頭の中に地図を描く時に、宣長が重視したものが三つある。

一つは、延喜式《えんぎしき》内社。平安時代の法典『延喜式』に名前が載る神社。由緒ある神社である。

二つ目は、歌枕。和歌に詠まれる諸国の名所である。

三つ目は、天皇陵である。

この三つは、古代からの文献史料に記載が多いという共通点がある。そこにはたとえば天皇陵や延喜式内社でも、地名や地形を名称に留めたものがあり、地図を描くランドマークとしては格好のものである。

一つ例を挙げると、今の奈良県橿原市見瀬を歩く宣長は塚穴（見瀬丸山古墳）を見つけ、宣化天皇の身狭桃花鳥坂上《むさのつきさかのうえ》御陵や式内社牟佐坐《むさにます》神社を思い出し、坂の上という地形や、三（見）瀬と身狭の類似を考える。これで頭の中の地図が少し補正される。

宣長の書いたものは、紀行や随筆、また『古事記伝』など注釈書でも、この三つが出てきたら要注意である。情熱を傾けて調べている筈である。

そのようなポイントをつなぐために歩くのである。

では、実際の行程記述を見ていただこう。

岡の里に帰り、三四町ばかりも北へ離れゆきて右の方の高き所へ一丁ばかり上りたる野中に、奇しき大石あり。長さ一丈二三尺、横は広き所七尺ばかりにて、硯を置きたらんやうして、いと平らかなる。中の程に、円《まろ》に長く彫《え》りたる所あり

これは宣長の紀行『菅笠日記』の一節だが、今、奈良県明日香村の岡からこの距離、この方向に進むと、私たちは「長者の酒船石」の前に出る。歩けば足は自然と距離を測り、目は方角や目印を確認する。一通りの地図は頭の中に入っている。それを、実際に歩くことで補っていく。これが宣長の旅である。記載内容は天香具山周辺でちょっと混乱はあるが、おおむね正確で、無駄がない。

吉野水分神社に参詣する

この『菅笠日記』の旅が行われたのは、明和九（一七七二）年、四十三歳の時である。三月五日早暁、友人・小泉見庵、稲懸棟隆、大平親子など五名と連れだって吉野、飛鳥に向けて出立した。京都在住の頃から見たいと思っていた吉野の花見である。ま

た、吉野水分神社に参詣し、『古事記』や『万葉』ゆかりの地、飛鳥探索と、ずいぶん欲張りな旅であった。

一行は、初瀬街道、青山峠越えで西に向かい、長谷寺から談山神社を経由し南下、出立四日目に吉野に入る。花は既に盛りを過ぎて葉桜であった。

ここにても　雲井の桜　咲きにけり　ただかりそめの　宿と思ふに　後醍醐天皇

と詠まれた雲井の桜を眺め、南朝の昔をしのびながら宣長も、

世々を経て　向かひの山の　花の名に　残る雲井の　跡は旧《ふ》りにき

と歌を詠む。

吉野に着いた宣長は、吉野水分神社に参詣した。十三歳の時にお礼参りをして以来、三十年ぶりである。宣長は、自分は父母がこの神社に祈願して生まれたことを片時も忘れたことがない。願を掛けた父は早くに逝き、息子の将来を案じ続けた母も亡く

なって早三年。無事に厄も済ませ、社頭に立つ宣長は万感の思いに涙がこぼれてきた。全てが夢のようである。

思ひ出る　そのかみ垣に　たむけして　ぬさよりしげく　ちるなみだかな

ぬさとは、紙や布を細かく細かく刻んだもので、峠や路傍の神々に手向けながら、旅の安全を祈願した。再び社頭に立つことができた喜びと父母の思い出に、涙があふれてきた。

こんな感無量の宣長とは別に、同行者たちは特別な感慨もなく、暢気に時間をつぶしていた。こんなものである。

翌日は、奥千本の桜を見て西行庵から西河《にしごう》に下る。蜻蛉の滝、紙漉に時の経つのを忘れ、吉野川の筏下りを見ながら酒を飲む。

よき人の　よしとよく見て　よしと言ひし　吉野よく見よ　よき人よく見つ

天武天皇

このように『万葉』や『太平記』など文学歴史の舞台となった吉野山で二日を過ごした後、次の目的地は飛鳥である。吉野での疲れが出たのか、壺坂寺で宣長は腹が痛くなり、一人茶店で休んでいて同行者だけが参詣した。宣長は途中の茶店で食ったそば切りが原因だと思っていたようだ。

飛鳥を歩く

飛鳥に着いた。ここでも案内人を雇い二日をかけて旧跡を隈無く探索した。

大人の御陵どもたづね給ふなるにみなしたがひて、平田、野口などいふわたりの田の中などにあるを、道もなきあぜをつたひて、かなたこなたたづねありくもをかし。ひとつふたつ見いでたれども、さだかにそれとおぼすもあらずとぞ

同行した大平（十六歳）の『餌袋《えぶくろ》日記』の一節だが、先頭を歩く宣長の頭の中には、『日本書紀』や『続日本紀』の関連記事や『万葉集』が入っている。その記述を考え

ながら天皇陵を探していくのである。その後からは松坂の豪商の若旦那や医者に僧侶、少年が一列になってついていく。平田や野口の水田の畦《あぜ》をあちらに行ったりこちらに来たりとうろうろする姿は、傍目《はため》にはまるで落語「七度狐」で狐に化かされたお伊勢参りの静六、喜八ではないか。やっとそれらしいものを見つけたと思っても、先生はなかなか慎重である。

野口の鬼の雪隠《せっちん》や橘寺、岡寺、酒船石から飛鳥寺、飛鳥坐《あすかにいます》神社、阿部の文殊院を経て古墳を探しては石室の中にまで潜り込み、また天香具山に登り、旅館の主人のとんちんかんな話を聞いて笑う。驚くほどの好奇心と探索ぶりで、その成果は『古事記伝』執筆にも活かされた。

帰路は榛原から伊勢本街道を選んだ。難路を敢えて通ったのは、南朝の忠臣・北畠氏の居城のあった多気（津市美杉村）で、先祖のことを調べたかったからだ。飯福田《いぶた》、堀坂峠を経て、松坂に着いたのは十四日であった。途中、腹が痛くなったり、また雨で駕籠に乗ったこともあるが、歩く歩く、実によく歩いた十日間であった。

学問的な成果も多く、楽しかった旅の記録が『菅笠日記』である。略図程度の地図と貝原益軒のガイドブック程度しかなかった時代に地理的にも正確で充実した内容で、その後、吉野や飛鳥を巡る人々の案内書として上田秋成はじめ多くの旅人を、吉野、飛鳥に誘うことになる。

十八世紀後半、宣長によって、吉野と飛鳥は再発見されたのである。

この旅に同行した人たちは、宣長の古典講釈の聴講者であり歌会のメンバーであったが、まだこの時点では友だちの域を出ない。だが旅が終わった次の年の暮れ、宣長は『授業門人姓名録』を作成し、師と門人という新たな関係を結ぶことになる。学問継承者としての使命感の芽生えであろう。

鏡を見る宣長

宣長の机の傍には鏡が置かれていた。

人から見られる自分を意識していた節もあり、しかも自画自賛像である。これだけ聞いたら、ナルシストかと疑うだろう。

だが、宣長の場合は、自分はかけがえのない一つの点であるという個の自覚の問題である。これは第I章でも述べた。

何をするにも、鏡に映る自分が基点、あるいは出発点であるという確認を行っているのである。

四十四歳の時に、宣長は自画像を描いた。当たり前のことだが、自画像は鏡があって初めて成立する。自画像だけではない、自我というものの確立とも鏡は大きく関わっている。

宣長は生涯に二回、自画像を描いた。この四十四歳と六十一歳の時である。作成理由については絵の上に書き添えられた歌と詞書以外は何も書き残していない。六十一歳像の時には、近くで見ていた大平が、長いことかかって描いたと証言しているが、四十四歳の時には構図の取り方など更に時間を要したことが窺われる。ただの思いつきで描いたのではないことは確かである。

ところで気になる「自画自賛」という言葉だが、自画像は絵であるから、素朴な見方ではあるが、当然外見しか写さない。そこで、絵では表せない心や、絵からわき起こる感慨を書き添える、それが賛である。自分が描いた絵に、自分で賛を書いたら「自賛」ということになる。自詠の歌や句に自注、つまり説明を書くようなものである。私とはこのような姿形で、心の中はこのようなことを考えていますというものだから、本来は悪い意味ではない。

しかしそれにしても、何のために描くのか。たとえば松平定信の場合なら、城を留守にするときに掛けておき、主が居ますが如く留守宅を預かる者が緊張感をもつためであったという。宣長の場合はいかがか。

本居宣長四十四歳自画自賛像

留守宅に掛けておく、ひょっとしたら宣長の六十一歳像になると、そのような目的もあったかもしれないが、四十四歳の時は違う。

その完成度が高いので、特別な目的があったのではと勘ぐってしまうが、やはり、自分を見つめ直す作業である。それが証拠に、描かれたあと人に見せた形跡は見つからない。気に入らなかったわけでもなさそうだ。

ていねいに描かれた画面構成から、宣長のメッセージを探ってみよう。

四十四歳像は、赤い文机を前に、枝振りのよい山桜を花瓶に活け、それを眺める姿を写す。

着ているのは好みの衣、後に鈴屋衣と呼ばれるが、黒色卍繋模様で縮緬製。襞がつく。

机の前には桜の花。瓶に活けてある。桜は移ろいやすいものの象徴だが、命長かれと願い瓶に活けている。瓶に「亀は万年」を掛けた平安朝貴族の言葉遊びである。あなたの心は移ろいやすい桜のようだ。すぐに浮気心を起こしてしまう。そこで時間の流れを止めようと、瓶に桜を生けては見たものの、ほらもう既に数片桜は散っている。時の流れへの嘆息が、物のあわれを知る心であり、詩や歌はここから誕生する。

机の上には、それを書き留めるべく懐紙、色紙、短冊が用意されている。衣、山桜、和歌の料紙、置かれた書籍の表紙など、全てに宣長の好みが充ちている。瓶の桜といえば、あるいは『枕草子』の一節を想起することも出来る。

おもしろく咲きたる桜を長く折りて大きなる瓶にさしたるこそをかしけれ

すると「あわれ」の世界は一転、「お（を）かし」の世界となる。

どちらを選ぶにしても、山桜を見て深い感慨にふける自分を、もう一人の宣長が観察しているわけで、『日記』や『遺言書』と同じく特異な視点である。というか、特に近代以降、西洋でも日本でも画題として自画像というのがあるが、それはみな、このような特異な視点の産物なのである。これを近代的な自我とも呼ぶ。

宣長のような完成した自画像にはならなかったが、物理学者で随筆家の寺田寅彦、またノーベル物理学賞を受賞した湯川秀樹にも自画像があり、またそれについての文章を残している。自己陶酔は必要ないが、一度位は鏡の自分と向き合う時間も、人生には必要なのかもしれない。

さて、この絵で一番問題となるのは、山桜である。

日本人と桜・桜と宣長

四十代の初め、宣長の桜を見る目が変わったとされる。

吉野の桜を見たからだと短絡的につなぐことは禁物だが、この旅で、改めて自分と吉野、桜の浅からぬ因縁を自覚したことも事実だろう。

桜は、日本固有の花ではない。だが、桜の美しさは、日本人が見出し磨き上げたものである。日本人にとって格別の花である。

芭蕉に、

さまざまな　こと思ひ出す　桜かな

の句がある。多くの日本人は、桜を見ても、ああ美しいだけでは済まないだろう。小学校入学の日の桜。別れの桜、旅先で見た桜を思い出し、中には、谷崎潤一郎『細雪』の絢爛豪華な桜をイメージする人もいるはずだ。きっと私たちは、桜の中に自分の人生を重ね合わせているのである。

桜はまた、古代から日本人の美意識の象徴でもあった。『古事記』に登場するコノハナノサクヤビメの「サクヤ」は桜であり、この姫は、桜の華やかな美しさを名前としている。「この花」といえば、王仁が仁徳天皇に献じた

難波津に　咲くやこの花　冬ごもり　今を春べと　咲くやこの花

が有名だが、「この花」もまた桜だという。だが遣唐使により大陸文化が流入した奈良時代、『万葉集』の頃には、花といえば梅というのがモダンなのだが、その中で藤原広嗣が桜花を娘子に贈るときの歌（巻八）に、

この花の　ひとよの内に　ももくさの　言ぞこもれる　おほろかにすな

というのがある。この花の一枝の中にさまざまな思いが籠もっているのだ、なおざりに思ってくれるな、という意味であるが、桜の花には万感の思いとその言葉が籠もっているのだ。

わが国最古の漢詩集『懐風藻《かいふうそう》』には、正五位上近江守采女朝臣比良夫の作として、

淑景、蒼天麗らかに、嘉気、碧空に陳《し》く
葉は緑なり園柳の月、花は紅なり山桜の春

とある。このように桜と日本人は深い縁を持ち続けたが、それが賀茂真淵の頃から

少し変わってくる。

もろこしの　人に見せばや　三吉野の　吉野の山の　やまざくらばな

これは真淵の歌だが、実はよく似た歌がいくつかある。宣長三十一歳の時の作には、

もろこしの　人に見せばや　日の本の　花のさかりの　みよしのの山

また、浜口宗有には、

もろこしの　人に見せばや　大和なる　吉野の山の　花の盛りを　　浜口宗有

という一首がある。宗有は松坂の人である。そういえば、宣長四十四歳自画自賛像の賛の歌、

めづらしき　こまもろこしの　花よりも　あかぬいろ香は　桜なりけり

もどこか似通っている。十八世紀、桜は外国との対比の中で、つまり日本の独自性の象徴として捉えられていくのである。これも時代の流行であろうか。

桜に魅せられた宣長

宣長の桜の歌で最も良く知られているのは、六十一歳の時の、

しきしまの　大和心を　人とはば　朝日に匂ふ　山ざくら花

だが〈日本を象徴する花〉という意識は相通ずるものがある。

ただ、歌の解釈については、これは日本人の心という一般論ではなく、どこまでも宣長個人の心であることは注意を要する。その理由だが、この頃には宣長の中で桜と自分の同一化が起こっているのである。もはや宣長の桜観は、理屈を超えて、陶酔感

にも似る思いがあるからである。うっとりしているものにイデオロギーも何もあったものではない。

そのような心を綴ったのが『玉勝間』の「花のさだめ」という文章である。


花はさくら、桜は、山桜の、葉あかくてりて、細きが、まばらにまじりて、花しげく咲きたるは、又たぐふべき物もなく、浮き世のものとも思はれず

山桜の花の美しさは、宣長にはとてもこの世のものとは思えないというのだ。日本の象徴としての桜と、吉野水分神社の申し子であることを信じ、庭に植えた桜を凝視してその美しさに打たれる宣長の心とは、まるで縦糸と横糸のように複雑な綾を為していく。

桜は満開だけではない。花はやがて散り、惜しむ中にも次の春を待つ心にまた希望と歓び、楽しみがある。この自分の心と桜の一年を重ね合わせて秋の夜長に詠んだ三百余首の連作が『枕の山』である。桜と宣長が一体化しているかのようである。

同じ時期、宣長は山桜の下に眠るための奥墓の準備を着々と進めている。

少し先に行きすぎた。話を四十四歳の自画像にもどす。

見た目が大切

ひょっとしたら宣長は、見た目は大切だ、と公言した最初の学者かもしれない。好みの着物をまとう宣長は、独自の価値観、美意識を持っていた。まず、心と事柄と言葉は連動している（「意と事と言とはみな相称へる物」）と言う。「言」とは、表現であり姿でもある。こんな言葉も残している。

姿は似せがたく意は似せ易し　『国歌八論斥非再評の評』

普通は、格好だけを真似しても心が伴わないと批判するだろうが、実は逆で、心よりも姿を似せることこそが難しいのである。

考えてみれば、心も事柄も、全て表現、つまり言葉によって形を為し、伝わるものである。場合によっては、心に実がなくても人を動かす言葉はあるものだ。たとえば茶道でも舞でも、型がピタリと決まる上手な作法、また舞には、自然と心も寄り添うものである。外見の持つ力を見損なってはいけない。

自分のスタイルを決める効用

見た目の大切さはスタイルを決めることにもつながっていく。

刊行された宣長の著作は五十種におよぶが、それにも型がある。好みの装丁である。たとえば『神代正語《かみよのまさごと》』という、『古事記』を初学者向けに読みやすく再編集した本を出版するときの指示書には、本の仕立について、表紙の色は浅黄色の布目模様。私の著作はいずれもこの色と模様なのでこれに合わせたい。題簽《だいせん》（表題）には唐紙を使用、適当な場所で左側に貼ること。綴じ糸は紫色。本の角の布は紫または鳶色系の色。本の外箱にあたる帙《ちつ》の色は表紙の色に合わすことと書かれている。

また、『古今集遠鏡』の版下について指示するときには、私は匡郭《きょうかく》のない本は好みではないという。匡郭は本文の周りの枠である。

『古事記伝』も、ページレイアウトが稿本の時からきちんと決まっていて、出版時には独自の平仮名フォントまで作ってしまう。

なぜ、このようにスタイルにこだわるのか。学問的な主張や好みもあるだろうがそれだけではない。そこにはたいせつな効用があるのだ。

まず、一々迷う必要がなくなる。

次に、仕事の完成イメージも描きやすくなる。

たとえば、今書いている『漢字三音考』は丁数は六十枚位になりそうだな。『字音仮字用格』が大体五十五枚で序文が五枚だから、大体あのくらいか、という風にイメージが描ける。完成像が描けたら、段取りも立てやすい。これは大きな一歩である。

それは逆に、頭を切り替える時にも役に立つ。

幾つもの仕事を同時並行してこなすには、モードの切り替えが必要だ。決まったスタイルを持っていると、そのモードに自然と入っていくことが出来るのである。

簡単に言えば、薬箱を置いて鈴屋衣を着ると、講釈や歌会モードに頭も体も入っていく。

贈答用の歌を頼まれることが多い。それを書くのは内曇《うちぐもり》模様の短冊だと決めておけば、「ああ、歌を贈らなければいけないいな、気乗りはしないが、取りあえず」と内曇短冊を机の上に出せば、気持ちも大きくそちらに向いていく。

五十三歳で二階に書斎を造ってからは、「鈴」というアイテムも加わる。

宣長は「好み」をたくさん持っていた。

実はこれがたくさんの仕事が出来た秘密の一つかもしれない。

イメージを描くプロ

仕事の完成イメージを描くことが出来ると、効率はアップする。

イメージトレーニングではないが、上手にイメージを描けると、完成は絵空事ではなくなってくる。イメージと絵空事は、両方とも頭に絵を思い浮かべるのだから同じだろうと思われるかもしれないが、雲泥の差がある。イメージは大きく設計図面に近づくのである。

宣長はイメージを描くことが抜群に上手だった。

なぜか。何度も何度も繰り返すが、地図と年表、あるいは系図好きで、全体眺望をいつも心がけているからだ。

断片からでも、全体を組み立てていくことが出来るのである。またイメージは、常に情報を更新すること、研究することで、新しいものにバージョンアップしていくのである。

宣長にとって古典が読めたというのは、その場面をイメージすることであった。文字の向こうに、状景を見るのである。

上つ代の　かたちよく見よ　石上《いそのかみ》　古事《ふること》ぶみは　まそみのかがみ　『玉鉾百首』

「古事ぶみ」すなわち『古事記』は真澄の鏡のようなもの。上代の人々の喜びや悲しみを映し出してくれる。その鏡に映った姿をよく見るのだ。後から引くことになる『古事記伝』終業慶賀会での歌もほぼ同じ内容である。

ここまでテキストを読まないといけないのである。その絶えざる更新が宣長の研究活動なのである。

紫式部の来訪

イメージを描くと言えば、こんなこともあった。

八月十日の頃、月の風情に誘われ縁側で独り机に向かって『源氏物語』の文体模写を試みていた宣長は、異様な音に筆を止めた。あれは京都、賀茂の祭の時の牛車ではないか。はて、ここは松坂、なぜ牛車が行くのか。

ところが音はだんだん近づいてきて、家の前で止まった気配。家人が出て行き、見知らぬ人がいるので、宣長も出て行くと、袴着姿の頭つき世に目慣れぬ艶めかしき女性、紫式部の君であった。

この来訪を語る文の題には「戯れ」とあるが、本当に幻視していたのではないかと私は思う。これくらい細部まで思い描けるほど、細かなところまで調べて、また読み込んでいるのである。

ところでなぜ紫式部が来訪したのかというと、『源氏物語』を真似て文を書いていたことを式部は嬉しく思ったのだという。

「姿は似せがたく意は似せ易し」、文章を極めたら、この物語の最も大切なところは会得できると宣長は信じていた。
宣長は、『源氏物語』の信奉者である。

やまと、もろこし、いにしへ、今、ゆくさきにも、たぐふべきふみはあらじとぞおぼゆる
『源氏物語玉の小櫛』

(日本にも中国にも、昔から今に至るまで、きっと将来も、この物語に並ぶ作品は出てこないだろう)

その世界最高峰の物語は、最高級の文章で綴られているのである。

和文は源氏に過ぐる物なし、源氏を一部よくよみ心得たらば、あっぱれ倭文は書かるる也
『排蘆小船』

言葉は心であり、事柄でもあるというのは、ただの理念ではなく宣長にとって信念

でもあった。言葉を介して宣長は『源氏物語』と出会い、紫式部と対面したのである。

「宣長」というジグソーパズル

宣長研究は、たとえるなら大きなジグソーパズルのようなものだ。

自分のスタイルを決めた『玉勝間』には、「花のさだめ」や「伊勢国」などの好みについての論評もある。そのおかげで、私たちの抱く宣長のイメージはずいぶん鮮やかになった。

スタイルだけではない。日記や回想という柱があり、また稿本、手沢本や諸記録がそれを補っている。更に書簡というピースが加わってくる。現在確認されている宣長書簡は一千百通余。これらによって宣長像は全体の姿がかなり鮮明になってきた。今も新しい史料は発見されるが、もちろんその多くは書簡だが、一通りの知識があれば年次を絞り込むことはそんなに難しいことではない。推定した場所にその新史料（ピース）を置くと、うまく収まり、前後の事柄と矛盾することなく流れていくはずである。

もし流れが停滞するなら、年次推定に問題があるか、従来の年譜、つまり研究に間違いがあるかのどちらかである。後者なら大発見となるが、そのような例はまず稀だ。もちろん失われたピースはたくさんあるので、永遠に完成することは無いのだが、全体の姿はほぼ分かる。

実はこれが、宣長研究にとって最大の難問なのである。分かりすぎるという難しさである。

難問は研究者にまかせておいて、少し宣長の活動の細部を見てみよう。

縦の関係と横の連携

同じ問題意識を持つ者と連携しろ、賀茂真淵は宣長に横の連携を勧めた。真淵の着想は素晴らしい。学者の横の連携など当たり前のようだが、学問が縦、つまり上下関係だった時代の話である。

知識は束脩と言われる授業料を払い、上から下へ伝授されていくのが当たり前だったが、その上下関係を解体しかねないことを平然と言ったのだ。

さて、『古事記伝』の執筆も進みだし、出来上がるのを待ち望む人が徐々に増えてきた。

宣長が四十四歳自画自賛像を描いたちょうど同じ頃、安永二（一七七三）年九月、内宮の御師・荒木田尚賢《ひさかた》が来訪して、『古事記伝』稿本巻一上巻を借りていった。以後、一冊書き終わると借りては書写し、その本がさらに別の人へと貸し出されていく。

そのお返しであろう、尚賢は珍しい本をたくさん探しては貸してくれた。また彼は谷川士清の娘婿で、士清とのパイプ役にもなってくれた。

その年の暮れ、宣長は『授業門人姓名録』を作った。

講釈や歌会へのメンバーなど四十三名が名前を連ねた。縦のつながりである。最初は松坂近郊の人たちが多かったが、やがてエリアを広げながら門人の数はどんどん増えていく。縦のつながりのメリットは、第Ⅵ章で述べるが、講釈と会読の違いと同じである。レベルが同じなら横、つまり会読でもよいが、隔たりがあるときは縦の関係、つまり講釈がより現実的で、成果もあげやすい。

横の関係も急速に広がっていく。

その手段となったのが、書簡と著作、また蔵書の貸し借りであった。

ちなみに、尚賢が門人となるのは遥か後年、天明七（一七八七）年のことで、本の貸し借りと師弟関係は直接の関係はない。

『古事記伝』を貸し出す

本を仲立ちとしてネットワークを構築する、言うのは簡単だが、よく考えてみたら大変なことである。せっかく手に入れた大事な史料や、刊行前の研究成果、つまり稿本を、時には、見ず知らずの人に貸すのである。論文が業績としてカウントされる今の時代では絶対にあり得ないことだろう。

しかし宣長たちの考え方は違う。出版前だからこそ見せるのだ。見てもらって、よりよい意見をもらいたいと考えるのだ。

宣長たちのような伸びやかな時代は、もう過去のものなのだろうか。

さて、『古事記伝』の巻三を読んだ荒木田尚賢は、安永二年の宣長宛書簡で次のように本書を讃えている。

先にお借りしていた古事記伝をていねいに読んでみましたが、細々したすべてを漏らすことなく、よくぞ読み考えられたものと感心しています。前人未踏の仕事だと思います。このように執筆が進んでいくならきっとこれは、尊い世の宝となることでしょう

この賛嘆の言葉と共に、尚賢が写した自筆稿本の写本は、さらに別の人へと貸し出されていく。

読者が増えれば、徐々に出版もされ、宣長好みの表紙を付けた本は、ネットワークに乗って急速に広まっていった。それが時には論争を巻き起こし、また松坂への憧れを抱く人を増やしてもいった。名古屋の田中道麿《みちまろ》もその一人である。道麿が来訪したのは宣長四十八歳の秋であった。大変熱心な人であり、宣長の学問にもよい刺激となった。

このように、最新の研究成果を誰もが手に入れることが出来るようになったことで、もはや大都市に出て高い授業料を払い、いつの頃からともしれぬ古い古典学をこっそり教えてもらうという時代は終わりを告げた。近代的な学問の時代の幕が開いたので

ある。

本の貸し借りは真淵、宣長の国学を広く浸透させる力となった。いよいよ学者は「孤」ではなくなった。

『古事記伝』、一時行方不明になる

研究する仲間の横の関係を推奨した真淵は、

私の弟子の加藤宇万伎は、よく私の学問を学んで、特に『古事記』神代巻に興味を持っている。まだ自説は提唱していないが、いつかは発表するであろう。意見交換しながら、私が死んだ後は、必ず研究を大成して欲しい

と宣長に頼んでいった。翌年に真淵が亡くなり、それから八年が過ぎた。

ある日、宣長のもとに加藤宇万伎から悲痛な書簡が届いた。中には、

僕は多年『古事記』研究を志してきたが、去々年からの病気で原稿一枚も書くことが出来ない。このまま死んだら遺恨を残すだけだ。あなたの『古事記伝』を見せてもらい、もし自分と同じ意見だったら満足が出来る。どうか貸してくれ

と書かれていた。亡き師から互いに協力せよと言われていたこともあり、宣長はさっそく京都の宇万伎のもとに大事な稿本を送ってやった。

だがその直後に宇万伎は没した。

単身赴任で、関西には身寄りのない宇万伎の荷物はどうなったのか、貸した本はどうなるのかと不安に思っていたが、しばらくして『古事記伝』が返ってきた。宇万伎の友人・砺波今道が探して送ってきてくれたのだった。危ういことであった。

いと大事にする書を藤原宇万伎が京なるもとへ貸しつかはしけるに宇万伎ほどなく身まかりにければ無くなりやしなんといと心もとなく思ふほどに宇万伎が友なる砺波今道がとかくたづねてかへしおこせけるいとうれしくて今道がもとへ

君がする　しるべしなくば　かへる山　かへらでよそに　ふみやまどはん

（あなたのご案内がなかったら、私の書は下山することができずとんでもないところに踏み迷うところでした）

宣長は経験に学ぶ人である。このひやりとした体験も次に本を貸すときの教訓として活かしている。リスクがあるならそれを回避すればよい。その工夫を惜しまない。そして本の貸し借りを奨励する。

本が構築するネットワーク

珍しい本が手に入ったら、親しい人はもちろんそうでない人にでも同じ志を持つ人の間で互いに気安く貸し借りをし写本もさせて、なるべく世に広めることが大切だ。なのに人には見せず、自分だけが見てそれを自慢するのはとても根性の悪い、学者としてあるまじき行為である。ただ、貴重な本を、遠方でしかも連絡が付きにくい場所に貸し出す時、道中で紛失したり、また貸した相手が急に死んだりして、その本が返ってこないということがあると残念なので、万が一の時にも紛失しないよう、ちゃんと返すように指示しておくべきだ。本は借りたらすぐに返すのがマナー。借りた本をいつまでも持っているのは宜しくない。これは本に限った話でなく何でも同じ事なのだが、どういうわけか本は借りっぱなしになることが多いものだ

これは「古書どもの事」（『玉勝間』）の中の一編である。宣長はこれを実践した。また、借りた本の扱いへの注意も忘れない。俗に「犬の耳」というのだが、読んだところでページの角を折る人がいるがこれはしてはいけないという。

考え続ける

宣長はいつも考えている。考え続け、ようやく一つの結論に到達する歓びの声が、たとえば『古事記雑考』の「コヽニ考ヘアリ」（分かった。こう考えてみたらどうだ）である。思考過程を記録する宣長の文章には、その躍動感、リズムがある。

考え続けることの楽しさ、それが宣長の原動力であった。

考えて倦むことがない強靭な精神。まさに心力を尽くして考え抜く。その姿は『古事記伝』などの著作の各所に描かれている。

『古事記伝』巻三、『古事記』注釈の一番最初の巻で、まず日本の「カミ」という言葉を注釈する。「日本の神」の特質を余すところなく伝えた有名な箇所である。証拠を挙げながら論を展開し、なぜ「カミ」と言うのかその謎に迫るが結論は、

名義は、未だ思ひ得ず

とある。分からないと言うのだ。また、

考への及ばむかぎり、試には云ふべし。其中に正しく当れるも、稀には有るべきなり

とも言う。この中に正解があるかもしれない。でも結論は後世の人にゆだねる。

自説を改めることもある。巻三に、

己も初めは然のみ心得てありつるを、後になほよく思へば然には非ず

（最初はこう考えてみたが、もう一度よく考えてみると違う）

とある。なぜ誤ったことまで書くのか、最終結論だけでよいのではないかという意見もあるだろう。しかしそれは考えが足りないのだ。思考のプロセスを記すことが、新しい考え方を生み出す時の手掛かりとなることを宣長は知っている。

また巻四では、

よろしからず、この訓は近き海に釣りする海人のうけ（浮き）ならねど、思定めかねて、種種云うなり

と考えあぐねている様子がそのまま出てくる。

いつも頭の中では質疑応答

『国号考』は、わが国の名前を研究した本である。その中に「大和」という項目がある。

ヤマト（夜麻登）といふ名の意は、万葉考の一つの考へに、此国は四方みな山門《やまと》より出入れば、山門の国と名を負るなりと有て、そのよし委くしるされたり。この説ぞ宜しかるべき。又己が考へあり……上件《かみのくだり》師の山門の説と、己が此の三つの考へとのうち、見む人心のよらむかたをとりてよ」

「大和」という国の名前は、真淵の『万葉考』にある盆地説がよいと紹介しながら、でも私も三つほど提案するから、しっかりと考えて自分の納得できる結論を出せばよいのだと激励する。

あらゆる可能性を排除せず、次の人にバトンを渡す。いつも、現在進行形なのである。

このように考える時、宣長の著作に見られる問答体も、仮想問答だと簡単に扱うことが出来なくなる。

「安波礼弁」は、もちろん質問に答えて書かれた論文だが、一番最初の著作である『排蘆小船』、また『紫文要領』、それらをまとめた『源氏物語玉の小櫛』や『古事記伝』の中でも、問題点を整理し、深めるために問答体がうまく使われている。

もちろん中には、くだらぬ質問もあれば、小林秀雄が言うように、自分で問いを出しておきながら答えに窮することもある。どうやら宣長の中では、いつもこのような自問自答が繰り返されていたようだ。

著作における問答体だけではない。徹底した質疑応答を勧め、師説の批判にも寛容であり、論争を買って出るのも、きっと考え続けることの延長線上にあるのだろう。

考えるとは、物と親身に交わること

ところで「考える」というのはどのような行為か。宣長は考える。

「かんがえ」、つまり歴史的仮名遣いでは、「かむがへ」だが、「か」は、「か易い」とか「か弱い」などと同じで接頭語。「むがへ」は「むかへ」で、「対《むか》へ」つまり向き合うことで、「彼此《かれこれ》と相対《あひむか》へ験みて、思ひめぐらす」意であるという。つまり、色々な可能性をもって試してみて、ふさわしいものを探すということだろう。従って「考え」を「かんがへ（え）」というのは間違いで、清音で「かんかへ（え）」だろうということ。

この説は、『古事記伝』や『玉勝間』でも披露している。特に問題はなさそうで読み飛ばしてしまいそうだが、小林秀雄は次のように読む。

「かんがふ」は、「かむかふ」の音便で、もともと、むかへるといふ言葉なのである。「かれとこれとを、比校《あひむか》へて思ひめぐらす意」と解する。それなら、私が物を考へる基本的な形では、「私」と「物」とが「あひむかふ」といふ意になろう。「むかふ」の「む」は身であり、「かふ」は「交ふ」であると解していゝなら、考へるとは、物に対する単に知的な働きではなく、物と親身に交はる事だ。物を外から知るのではなく、物を身に感じて生きる、さういふ経験をいふ。

実際、宣長はさういふ意味合ひで、一と筋に考へた

宣長の文章から、考えるとは物と親身に交わることだと読み取るのは、深読みが過ぎると批判されそうだ。だが、見てきたように宣長の考える姿勢は、確かに対象物から距離を取り冷静に検証してはいるが、一方で一所懸命に共鳴しよう、共感しようとしているのである。決して冷酷ではない。どのような物でも自明のことと裁断せず、時間をかけ、繰り返し対象物と向き合うのである。

『神器伝授図』や『大日本天下四海画図』作成が、中国の歴史や日本の国土を追体験することであったように、自分の手で、あるいは頭で実際に確かめてみるのである。

小林秀雄、宣長を読む

少し小林秀雄の話をしておく。

小林の宣長に関する著作には、今引いたように深読み、あるいは独断だと批判されそうなことが多い。と言うか大半だ。評論だという扱いで、ともすれば、研究者からは

無視される。

しかし宣長の本を小林以上に、自分が論文を書くために引用する場所はともかくも、満遍なく、ていねいに読んでいる人は果たして何人いるだろうか。

小林の意見に同調するか否かは別にしても、古典と向き合う態度や、考える姿勢は、宣長によく似ているように思う。宣長が『古事記』を読んだのと同じ方法で、宣長を読んだのが『本居宣長』ではないか。

今、小林の『本居宣長』は文庫本でも手に入る。私はこの本を人に勧める時に、宣長のアンソロジーだと思って鞄に潜ませてみてはと言い添えることにしている。宣長の大事な文章は一通りここに引かれている。

といって、引用文を読むだけではもったいない。

作家・堀田善衛は小林に、引用された宣長の文章には悉く感服したが、あなたのコメントはよく分からなかった、と正直に言って不興を買ったそうだが、引用文と格闘する小林の文章も併せて読む。出来ればそれを批判することで、宣長の真意に迫るのである。そうやって何度も考えること、それが宣長の学問の魅力だろうし、そこに共鳴したのが小林秀雄だと思う。

共感すること　心を重ね合わすこと

対象物と親しく交わることを、小林は『本居宣長』の中でも繰り返している。

文献的事実とは人間の事だ。彼が荷なっている「意味ノフカキ処」を知るには、彼と親しく交わる他に道はない。これが、宣長が契沖から得た学問の極意であった

親しく交わることが宣長の学問の要であったという小林の見解は正しい。そうすることで共鳴、共感すること、対象物と心を重ね合わすこと、そのことを宣長は大切にした。

たとえば『古事記伝』の中で宣長は、次のように小言を言う。

かゝれば当時《そのかみ》は、『日本紀』を読むにも、此の『紀』の旨を守りて、かばかりの

読声《よみこゑ》をも、漫《みだり》にはせざりしこと知るべし。近き世にただ理説をのみ主とする学者も、かかることを少しはおもへかし　『古事記伝』三

（昔は漢文で書かれた『日本書紀』を読むときでも、読み方に細心の注意を払っていたのだ。本は意味だけ分かればよいなどと考えている学者たちも、少しはこの古人の気持ちを思いなさい）

宣長にとって究明もだが、同じほどに共鳴も大切だった。著作の執筆は、単なる知識の伝達を目的としたものではなかった。知識で止めることなくそれを体得せよ、それは賀茂真淵の教えでもあった。

惣て自ら古体をよくよみ得、古文をかき、万葉其外古文古歌に通したる上ならてハ、古事記日本紀の新意を得ましき事也

明和三年四月十五日付宣長（三十七歳）宛真淵（七十歳）書簡

（万葉の頃のスタイルで歌を詠み文章が書ける。また『万葉集』その外の古典の知識も備

わっている、それが出来ないと『古事記』や『日本書紀』の研究はおぼつかない）

真淵が口が酸っぱくなるほど言ったのは、万葉振りの歌を詠め、古文を書けであった。知識だけでは古典は読めないことを真淵はよく知っていたのである。

しつこく考える

宣長にとって、生きるとは「考える」ことであった。

食事をしながらも、歩きながらも、頭の中のデータベースを駆使しながら、ああでもないこうでもないと絶えず考え続けたのである。七十二年、これといった特別な波乱もない生涯であったが、頭の中は高速回転していたのだろう。

宣長に比べれば波乱の多かった儒学者・荻生徂徠も、また考え抜いた人生であった。徂徠は言う、「学問ノ道ハ、思フコトヲ貴ブ」と。また「之ヲ思ヒ之ヲ思ヒ、之ヲ思ツテ通ゼズンバ、鬼神将《まさ》ニ之ヲ通ゼントス」、限界まで考え抜くのである。鬼神が出てくるほど考え抜くのは普通の人間では出来ない。

心の内や頭の中はともかくも、外から見れば何の変哲もない、そんな宣長の毎日ではあるが、よく観察するとそこには尋常ならざる時間が流れていたことに気付かされる。

考えることが楽しくて仕方がなかったのかもしれない。だから語弊はあるかもしれないが、結果が出ても出なくても明るい。考え続ければ、そこにはセレンディピティーもあるだろう。

友人の荒木田経雅にこんなことを言っている。

一、先達而申上候麻笥、鈴ノ事、御不審御座候ハヽ、幾度も可被仰下候、ケ様之事ハとかく数へん往復仕り候へば、段々よき考へ出申し候物ニ御座候へハ、無御遠慮いく度も可被仰下候
（この前、申し上げた「麻笥」、「鈴」という言葉の意味についての私の回答、もし分からないことがあれば何度でもお尋ねください。このような問題は、何度も質疑応答を繰り返しているとだんだん良い考えが出てくるものですから、どうか遠慮無く言ってください）

答えをもらい、有り難うだけで済ましてはいけない。それをもとに何度も考え直すのである。この話をすると、しつこいなという顔をする人がいる。確かにしつこい。しかしこの執拗さが、人を前に進めるのである。これは何も学問に限った話ではない。今の人はずいぶん淡泊になったが、宣長の頃の日本人は、結構みんなしつこかった。だから学問も、工業技術や農業技術、あらゆる芸事も、飛躍的な進歩を遂げたのではあるまいか。

素麺のゆで方

宣長からの、幾たびでも質問して下さいという書簡が届いた頃、経雅の方はお中元に「当地産刀禰やそうめん」一折を贈っている。が書簡ではその後に「件の索麺《そうめん》調え方」という別称を設けて調理方法を教えている。

「先、醤《ヒシオ》(味噌の仲間)の中に干かつをと蕃椒《トウガラシ》【五人前位の汁ならばとうがらし二十計

入べし】の破れざる計《バカリ》を入て【破れたるを入る時はその汁辛《カラク》して食がたし】よくせんじ冷《サマシ》置べし

次、件のそうめんをゆでるなり、湯少くては不宜《ヨロシカラズ》、沢山にすべし、煮上り候はば、その後はそろそろ焚候而よくゆで、少し酒をも入べし、此そうめん胡麻油にて油少く製し候間、不洗にも食ひ、又洗ひても食す。久しくゆで、随分熟く致し、右の冷醤にて食すべし、なまゆでにては一向不宜、煮抜にすべし、煮事に飽候まま大凡にて食するより風味不宜」

（醤の中に干しがつおと唐辛子、五人前なら二十位入れてください。唐辛子の袋が破れていると辛くて食べられませんから注意してください。よく煮て冷まして置いてください。これが付け汁です。次にそうめんのゆで方ですが、たっぷりのお湯で、一回煮立てて、その後は弱火でよく茹でてください。お酒を少し入れてもいいですね。このそうめんは胡麻油で作っていますから、油分が少ないので、水洗いはしてもしなくても結構です。しっかりと煮た上で、熱いのをよく冷やした付け汁で召し上がってください。煮るのが足りないとおいしくないですよ。しっかり煮てください。早く食べたいと適当に煮るとおいしくあ

りませんから注意してください）

見事なレシピだ。経雅のような人は、素麺一つも疎かにしないと言うことだ。宣長一人がしつこいのではない。周りはしつこい人ばかりだ。だから十八世紀の学問は大躍進したのだろう。

心力を尽くして『古事記伝』を書く

四十代から五十代、宣長は着実に『古事記伝』を書き進めた。

稿本の迷いのないていねいな筆跡に、机に向かう心の平静さが窺える。

それにしてもこのような緻密な仕事が、医者の傍ら、『源氏物語』講釈や歌会を行いながら、来訪者を相手にしながら、どうして可能だったのだろう。

私はこの疑問を解く一つの鍵は、リズムだと思っている。宣長は学問する器械のような人だがそこにはリズムがある。思考も作業も停滞しない。ゆっくりとしたリズムで進んでいく。日々の歩く時間の長さもテンポを作り出す要因となったのだろうが、

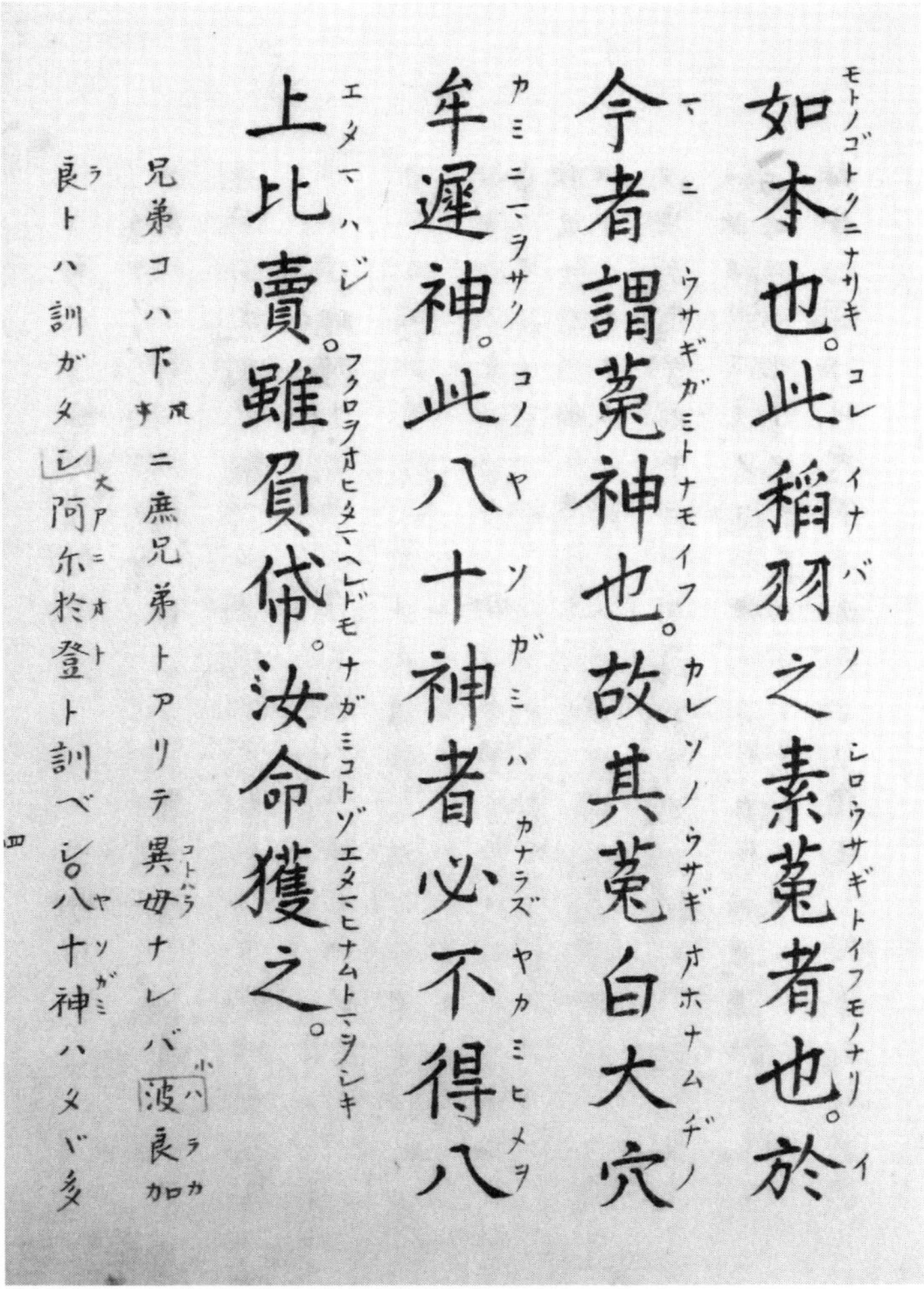
如本也《モトノゴトクニナリキ》。此《コレ》稲羽之《イナバノ》素菟者也《シロウサギトイフモノナリ》。於《イ》
今者《マニ》謂菟神也《ウサギガミトナモイフ》。故其菟白大穴《カレソノウサギオホナムヂノ》
牟遅神《カミニマヲサク》。此八十神者《コノヤソガミハ》必不得八《カナラズヤカミヒメヲ》
上比賣《エタマハジ》。雖負俗《フクロヲオヒタマヘレドモ》。汝命獲之《ナガミコトゾエタマヒナムトマヲシキ》。
兄弟コハ下ニ庶兄弟トアリテ異母《コトハラ》ナレバ波良加《ハラカラ》
良トハ訓ガタシ阿尓於登《アニオト》ト訓ベシ。八十神《ヤソガミ》ハタゞ多

『古事記伝』自筆稿本

このテンポの良さがたくさんの仕事を生み出した秘密である。脂汗を流しながら、一字入魂というのではない。

「私は壮年の頃から数十年の間心力を尽くして『古事記伝』を書いた」と宣長はいう。この言葉に嘘や偽りはない。時に徹夜することもある。

古体　　宣長

ますらをは　はだれ霜ふり　寒き夜も　こころふりおこし　寝ずてふみよめ

寒けくて　ふみて（筆）取る手は　かがむ共　なおこたりそね　長き此の夜を

この朝け　堀坂山に　初雪降りぬ　ぬば玉のきその夜嵐　うべもさへけり

宣長よ、お前も男なら寒いなど泣き言を言わずに寝ないで本を読め。筆を取る手が寒さでかじかんでもこの長い夜を無駄にしてはならぬぞ。これは自分を叱咤激励する歌である。三首目は、徹夜明けの朝、家を出て坂内川辺を散歩する目に雪の堀坂山がまぶしく映る。ああ夕べの夜嵐が強かったはずだ。宣長四十八歳の歌である。

だが、「心力を尽く」すにしても、努力の仕方がスマートだ。並行していくつもの仕事をこなす。ア行のオとワ行のヲの位置を確定した『字音仮字用格』、日本の外交史を史料で裏付け論評した『馭戎慨言』など著作も続々と書き上がるが、これらもみな『古事記伝』執筆と緊密に連携しながら進んでいく。

さて、『古事記』は上中下で全三巻ある。

上巻部分の注を宣長が書き終えたのは四十九歳の時である。ようやく神々の時代が終わった。この年の秋は患者も少なく暇であった。手紙の中で書いている、「一は以て悦び、一は以て憂う」と。学問の時間があることは嬉しいが、家計を考えると悩みでもある。この年の家族構成は、妻の勝は三十八歳、長男春庭十六歳、次男春村十二歳、長女飛騨九歳、二女美濃六歳、三女能登三歳。まだまだ先は長い。

あなた一人が分かってくれたらそれで充分だ

徹夜をして歌を詠んだ同じ安永六（一七七七）年のことだが、七月二十日朝、松坂魚町の本居宣長宅に一人の客があった。

田中道麿と名乗る五十三歳の男は、美濃国養老の生まれで今は名古屋に住むという。

宣長に会いたくて、十八日に名古屋を出立し、夜通し歩いてきたのだそうだ。学問のことしか頭にないらしく、しかも六つも年上の来訪者に、さすがの宣長も当惑したが、話を聞くうちに嬉しくなってきた。

なぜそんなに急いで宣長の所にやって来たのか。

彼の話では、宣長の『字音仮字用格』、特にその中の「おを所属弁」を読み、驚き感銘のあまり家を飛び出してきたのだという。

「おを所属弁」というのは、「オ」はア行で、「ヲ」はワ行であることを証明した論文である。それまでは「アイウエヲ」、「ワヰウヱオ」と「オ」と「ヲ」を逆に書いていた。それを宣長が訂正したのである。宣長の業績の中でもよく知られたものだが、数百年の誤りを指摘した高度な内容だけに、理解できる人はごく限られていた。道麿は、その選ばれた一人だったのである。

当時、名古屋で道麿は「万葉の鬼」と呼ばれていたという。必死で『万葉集』を研究していたためについたあだ名だが、その「万葉」についても年少の宣長から学ぶところが多かった。何しろ宣長の万葉学は賀茂真淵仕込みで、師亡き後は文字通り最高権威である。

一週間くらい滞在したのであろうか、宣長に教えられた『万葉集』に出てくる鈴鹿山辺御井《やまのべみい》などゆかりの地を探しながら、道麿は名古屋に帰っていった。

しばらくは手紙や著書の貸し借りで勉強を続けた。

松坂で生まれ変わった道麿

道麿が再び松坂を訪れたのは四年後である。この時は『てにをは紐鏡《ひもかがみ》』について聴いた。

言葉の変化に法則があるなど誰も考えつかなかった時代に、宣長は「紐鏡」という一枚の表を発表した。入手した道麿はそれから十年、ずっとこの図を眺め考えていた。夜、床に入ってからも和歌や古典を思い出しては法則に照らし合わせて検証してみた。そして完璧なことがよく分かった。いったいこの図は何なのか。直々に教えてもらおうとやってきたのだった。

最初の来訪時には、年かさの道麿を門人とすることに宣長自身が遠慮したのだろう、二度目の来訪時に正式に門人となった。『授業門人姓名録』安永九年の条に「美濃国

尾張国名古屋住　田中荘兵衛　道麻呂」とある。

二度目の来訪を終えて名古屋に帰った道麿は、

この春、松阪より帰りて後は、誠に誠に其事しれる道丸と生れ替りたり

先生の所で勉強できて私は生まれ変わりました、と感動の言葉を書き送った。これに対して宣長は、

てにをはの事のたまへる条々、ことごとく当れり。己れ多年此事に心をつくし、自然のてにをはの妙所を見出たるに、誠に然りと信ずる人、天下にありやなしや。よし知る人なくとも、道麻呂主一人己か功を知り玉へは、己か功むなしからずと、悦ひにたへずなん

『万葉集問答』十

「私は長い年月研究してきたが、誰か理解してくれる人はいるかと不安だった。だが道麿さん、あなた一人が理解してくれたらそれで充分だ」と素直に喜んでいる。

道麿の入門以後、諸国の門人が増えてくるが、中でも道麿の感化を受けた名古屋の人々は逸材揃いで、彼らが『古事記伝』刊行など宣長の活動の推進力となっていった。

万葉の鬼

道麿は、さすがの宣長もあきれるほどの学問好きで、これは加藤磯足《いそたり》の証言だが、着物や食べ物、住居、また女にも全く関心がなく、ただひたすら本を読み歌を作っていたそうだ。まさに「万葉の鬼」である。

夢の中でも勉強していたようで、誰とも知らぬ人が教えてくれたのだがと、その説の当否を尋ねてきたこともある。これに対して宣長は、

御夢の説、此甚珍説らしく聞ゆれども、理屈過たり

つまり、「考えすぎだ」と回答している。

道麿の僅かな楽しみは歌であった。それも不思議な歌を詠んでいる。たとえば「生

類」、生きものという題で詠んだのが、

うまさけの　三室山こえ　かへる日を　待つと契りし　君恋しきも

きっとまた、あの三室山を越えて帰ってくると約束したあなたのことが恋しくてなりません、という恋の歌だが、実は、馬・鮭・蚤・むろ（ネズの木）・榎・蛙・氷魚・松・栃・桐・榁・鯉・鳴・藻がこの歌の中には隠されている。他にも同じ文字がない歌だとか、国の名前を入れた歌とか、とても面白い作品が多い。これらは、『田中道《どう》全《ぜん》集』という歌集に収められている。「道全」とは道麿の号である。

結婚もせず学問一筋の生涯を送った道麿は、天明四（一七八四）年十月四日に病で没した。享年六十一。知らせを聞いた宣長は、

夢かも　およつれかも　道麿は　命死にきと　玉梓の　人ぞ告げける　ゑ悲しゑ

久にし見ねば　恋しけく　有けるものを　ゑ悲しゑ　我は悲しゑ

夢ではないのか、誰かが私をだまそうとしているのではないか、悲しくてならない、とその死を惜しんでいる。

昔はこのような純粋で立派な人が多かったのだろうか。宣長の周りを歩いていると、道麿のような人に、しばしば出会うことが出来るのである。

鈴屋の窓の大きさ

書斎「鈴屋」へは薄暗く急な階段を、頭を気にしながら上る。宣長の頃は、さらに一段少なく、しかも下三段が取り外せたので不安定だっただろう。着物を着た宣長はさぞ大変だったことだろうと思いながら部屋に入ると、一転、その「明るさ」に驚く。

江戸時代の二階といえば、どこか屋根裏部屋的な印象があるだけに、この明るさは貴重だ。ガラスと違い、障子は閉めると柔らかい光で外部から遮断される。気を散らすものはない。広さは四畳半。座ってみると実に快適な空間である。これなら思索に励めそうだ。

部屋ができたのは、天明二（一七八二）年の年の暮れ。宣長は五十三歳。春からどうも体調が優れなかった。執筆中の『古事記伝』巻十九神武天皇中巻の最終章に取り掛かったが、瘧《おこり》という病気に罹り、とうとう執筆を中断した。

瘧というのは、光源氏も罹っているので、『源氏物語』を読んだ人にはおなじみだと思うが、全く伏せってばかりという病気ではない。気分のよいときは光源氏は外に出て少女を見つける、それが後の紫の上であるが、宣長はそんなことはしない。歩き回ってもそれは医療活動か用事だ。家にいるときは、気に掛ってはいても忙しくて叶わなかった日食や月食について考えた『天文図説』をまとめ、続いて『真暦考』を執筆した。こちらは、暦が伝わってくる前の日本を考えた本である。

気分が優れないときは無理はせずに、出来ることをやる。書斎増築もその一つであった。

もう一度部屋の中を見てみよう。小さくて一見質素な部屋だが、よく見るとなかなか洒落た趣向である。

板床の床柱は南天の木だという。向かいには山桜の木を配する。鈴を掛けるためか細長い板を壁に埋め込む。明かり取りの窓があり、窓の際には洞床と違い棚がつく。

蔵書は、「アサヨヒニ」のラベルを貼った十三の本箱に整然と整理され、『書斎中蓄書目』という蔵書目録を作った。但しこれは、竣工から二年後である。ちなみにラベルの文字の意味は、「朝宵に取り出づる文」と「大」である。「大」は大きな本箱。どこまで実用性があったのかは分からないが、整理も、楽しむのが宣長流だ。

部屋の全体の趣向は、宣長の指示によるものであろう。建築についても、たとえば朱雀門の図面や、かの有名な出雲大社の「金輪造営図《かなわぞうえいず》」を見せられて古代の姿がイメージできる位の知識はあった。

それにしても宣長のセンスの良さは素晴らしい。

まず、すっきりとしている。これは、山桜の描写や、『古事記伝』自筆稿本の筆跡からもよく分かる。また、大和国談山神社に参詣した時の感想は、「きれいに掃除されている」であった。手抜きはいけない。

部屋のお披露目は、竣工から三か月後の弥生九日。待ったのには、おそらく訳がある。宣長の趣向だ。

窓の広さは、採光だけではない。ロケーションが強く意識された。

人々が揃ったら窓を開ける。すると前には松坂城跡の桜の花。

稲懸茂穂（大平）もこの日に招待された一人。

本居君の高き家はよいほの森をまぢかく見わたさるゝ所なりければ花のさかりに人々とまゐりつどひて

うちわたす　むかひの岡の　花の香も　袂ににほふ　やどの春風

という歌を詠んでいる。宣長の家はもともとは魚町にあった。今では長谷川家の土蔵が邪魔をするが、当時は窓からは松坂城のある四五百の森が見えるのんびりした景色だったことが窺われる。この眺め、そのための大きな窓、これが書斎の自慢だったのだ。当時の松坂は豊かな町であった。経済的な繁栄だけでなく、ゆったりとして面白味があった。その一つが自分の家からのロケーションである。

医者仲間で塩崎宋恕《しおざきそうじょ》の書斎の自慢は、窓から白猪山《しらいさん》が望めること。宣長も、白い猪の肉は熱を冷ますそうだから医者にはぴったりだと賛美の文章を贈っている。

また門人の岡山正興が新築した部屋は、伊勢富士の異名を持つ堀坂山が、本当に富士山の形に見え、四五百森はまるで富士の裾野のようであったという。

主客が楽しむために工夫を凝らす。そこには、家が狭いから増築するというような貧困な発想はなかった。

鈴屋

書斎には「斎号《さいごう》」、部屋の名前がいる。宣長は、床の間の脇に掛けた「柱掛鈴」から「鈴屋」と命名した。鈴もオリジナルである。お披露目の日には、書斎の名前の由来を長歌にも詠んだ。その左注には

鈴の屋とは、三十六の小鈴を赤き緒に貫《ぬ》き垂れて柱などに掛けおきて物難しき折々引なしてそれが音《ね》をきけばここちもすがすがしくおもほゆ、その鈴の歌は、
とこのべに　わがかけて　いにしへしぬぶ　鈴がねの　さやさや
かくて此屋の名にもおほせつかし

とある。文が歌となり歌はまた文章に戻る自在さ。「さやさや」という音色が聞こ

えてきそうな、宣長の会心の作である。

現在、床の間には「県居大人之霊位」の軸が掛けられているが、本来は真淵命日の時だけ掛けて、平素は京都での師、堀景山が『唐詩選』から選んだ詩、「春思」や「上皇西のかた南京《なんけい》を巡りたもう歌」が掛けられていた。来客はこの部屋で宣長と向き合ったのであろう。

横井千秋の登場

堀景山という人は、宣長のために生まれてきた人ではなかったかと書いたが、横井千秋もまた宣長のために、あるいは宣長の学問のために生を与えられた人のように思えてならない。全く不思議な登場の仕方である。

宣長が千秋を知ったのは、五十六歳の時であった。

確認できる最初の書簡は、天明五（一七八五）年冬と推定される千秋差出しの断簡だが、冒頭に「御細答被成下辱拝見仕候」とある。「ごていねいな回答ありがとうございました。拝見しました」という意味であり、続いて、私が皇朝学に熱意を持っていることをご理解いただき、ご賞賛まで頂き、本望の至りですと謝意を述べている。どうやら、千秋からの初めての書簡に、宣長が返信したという流れが推測される。

ここまではよくある話だが、その後に、「君ノ意、臣ノ意、万民ノ意」についての執筆依頼了承を歓び、また『古事記伝』刊行について相談事項が書かれているのである。

「君ノ意、臣ノ意、万民ノ意」とはいったい何か。宣長に『臣道』という本があるが、きっとこれが「臣ノ意」であろう。ということは、『君道』とか『万民道』という本も書かれていた可能性もあるが、現在のところ確認されていない。但し「君ノ意」は『玉くしげ』ではないかという説がある。「万民ノ意」は書かれなかったかもしれない。

さてその内容だが、『臣道』は、家臣の心得を説いた本であるから、あとの二つも君の心得、あるいは万民の心得を国学者の立場から説いたもの、つまり藩政改革を行うための意識改革の提言書ではないか。

問題は、次の『古事記伝』の刊行話である。これまで全く出てこなかった重大事が、まるで以前から打ち合わせの通りという感じで書かれていて、理解に苦しむ。

とても一、二通の書簡のやり取りしかなかったとは思えないほど重い内容である。つまりこの一通で、宣長の仕官や、また『古事記伝』刊行、古道論の普及など、その後の活動が決定されたといってても過言ではないのである。序章なしでいきなり主題に入るような切迫感を覚える。

宣長のような多忙で慎重な人が、ある日突然、尾張藩の家臣だと名乗る男から、このような重要提案を為されても、絶対受けなかったであろう。必ず下相談が為されてないといけない。しかしこの段階では、千秋と宣長は未だ対面していない。また仲介者の存在も不明である。ことが尾張藩の藩政に関わることだけに、横井千秋がいくら重臣であっても、その一存で進行することではないと思う。

そもそも千秋は、私財をなげうって刊行することになる『古事記伝』についてどれほどのことを知っていたのか。まだ読んでいなかったことは推測がつく。

千秋がこれだけ宣長の学問を深く信じることが出来たのは、ひょっとしたら田中道麿の影響ではないか。鬼のように学問一筋の道麿から、宣長学のすばらしさを熱っぽく説かれ、いつかはとその機が到来するのを待っていたのかもしれない。

続く寛政年間、その前半は、この千秋が鍵を握ることになる。

鈴屋の時間

鈴屋竣工から、宣長の多忙さは年を追うごとに増していった。天明の飢饉をもたらした気候の不順は、患者の増加につながり、また政情も不安定となり宣長の知恵を借りようとする為政者も現れる。具体的な施策を提言した『秘本玉くしげ』が門人の手を経て紀州徳川家に差し出され、またその理念編ともいうべき『玉くしげ』は尾張の門人・横井千秋の手で刊行される。

宣長のもとを訪ねる人、入門する人、来簡はどんどん増え、一方では学問普及のためには論争も買って出る。信じられないほどのスピードで著作は執筆される。それは七十二歳で亡くなるまで続く。完成したこの部屋で、主は果たしてどれだけの時間を過ごすことが出来たのだろうか。

だが、確かに、西日の当たるこの部屋で『古事記伝』も書き終えられ、『源氏物語玉の小櫛』、『玉勝間』、『うひ山ぶみ』、そして『遺言書』も書かれたはずである。

時間の長短では計れないほどの濃密な時間がここでは流れていたのだ。

Ⅵ

みたまのふゆ

◉妻との間に得た五人の子どもも成長していく中で六十歳となった。元号も寛政と改まり、宣長に残された時間は四千六百四十日。いよいよ大車輪のような活動が始まる。

◉この間に出版した著作は、二十三種八十三冊。入門者三百四十一人。二泊以上の旅は十六回、うち、伊勢三回、京都四回、名古屋四回、和歌山三回、桑名一回、四日市一回。

◉慶事も多かった。たとえば、『古事記伝』天覧、紀州徳川家への仕官、妙法院宮への拝謁や公卿の厚遇など。子どもの結婚四回、長女・飛騨が四日市高尾家へ再嫁。次女・美濃、松坂長井家に嫁ぐ。三女能登、山田安田家に嫁ぐ。長男春庭、妻に村田壱岐を迎える。悲しいこともあった。特に長男春庭の失明は、本居家だけでなく、宣長の学問に関わる人にも様々な影響を及ぼした。

◉記録される最高所得額は寛政三年（六十二歳）の百五十六両。一両を十万円で換算すると一千五百六十万円となる。

◉来訪者が激増し依頼される仕事も増える。また頂き物もたくさんある。駅鈴、板文庫、多賀城瓦、コンペイトウ、カステイラ、南蛮筆。

◉板文庫は紀州藩主十代徳川治宝侯への御前講釈のご褒美。駅鈴は浜田藩主松平康定侯が講釈聴講のために来訪したときのおみやげ。このような藩主への講釈は九回行われた。

◉だが、いくら多忙になっても一切手抜きなしという生き方は全く変わらず、日常や周囲の変化にも流されることがない。森有正は宣長を「王者的自由」と評したが、まさに悠然と進む。

◉これだけの仕事量で、どうしてゆったりとした気分を保てるのか、その秘密は、「本と末」をきちんと区別することに尽きるのだろう。一切手抜きなしと言ってもそこには自ずと軽重はある。大切なことはていねいに、末のことはてきぱきとこなしていく。また常に工夫を怠らない。決して無理はしない。

◉六十一歳の時に自画自賛像を描いた頃から、日本人の魂の行方、つまり死の問題について考え始める。西洋に「メメント・モリ」(死を思え)という言葉があるが、日本人とは何かを考えてきた宣長には避けて通ることが出来ない問題であった。それを自分の問題として考え続ける。といっても、宣長自身は老いてますます意気軒昂で、大平はじめ門人たちもすっかり安心していた。

◉享和元年（一八〇一）年は紀州で迎えた。年始拝謁も無事に済まし、帰郷。引き続いて京都に行き、講釈や歌会を精力的にこなす。九月十三夜の頃から風邪による不快。二十五日に板木職人・植松有信に出版についての指示を与える書簡を執筆、もう気力が出ないと嘆く。二十九日（太陽暦十一月五日）没す。享年七十二。

◉自分の死期は悟っていたのか、前年には『遺言書』を執筆、墓を山室山と樹敬寺に用意するなど一切の準備を終えて、この年の春には、奥墓に前もって植えた山桜の花を確認し、死を迎えたのであった。

◉「さっぱりと美しうなった」危篤になった父を見舞うために四日市から駆けつけた長女飛騨の顔を見て言った宣長最後の言葉である。家族や町の人から見た宣長はごく普通の人であったようだ。特に五人の子どもたちには、誇れる父であった。

藩政改革と宣長

横井千秋は、尾張徳川家の家臣で郊外祖父江（愛知県稲沢市）に領地を持ち、地元では殿様と呼ばれていたという。藩の重臣の一人と言ってもよかろう。宣長との出会いについては前章で述べたようによく分からない。

確実なことは、『古事記伝』を刊行しようという信念を持っていたことと、尾張藩の改革のためにも、出羽米沢藩から招いた細井平洲だけでなく、宣長の古道論の力を借りたいと考えていたことである。

この二つがいったいどのように結びつくのか。簡単そうだが実はなかなか難しい。憶測を述べておく。

宣長の古道説をどこからか聞いた千秋は、藩政、ひょっとしたら日本というレベルであったかもしれないが、その未来を託すのはこの人しかいないと直感した。ならば宣長の古道説の根幹となる『古事記伝』という本があるそうだが、その本をたとえ私財をなげうっても刊行し、世に広めることが、自分の使命だと確信し、宣長に書簡を呈した。

当時、宣長の古道説は、『葛花』論争を通して尾張地方ではある程度広まっていた。この論争の発端は、田中道麿が宣長の「道云事之論」（『直霊』草稿）を友人の市川匡《たず》麻呂《まろ》に見せたことである。匡麻呂は儒者で当時名古屋に住んでいた。読んだ匡麻呂はなるほどと感心しながらも、疑問や異論があったので道麿を通して宣長に送ったところ、徹底的に批判されてしまった。その論駁《ろんばく》の書が『葛花』である。書名には、悪い酒を飲んだ匡麻呂の酔いを覚ましてやるという意味が込められている。

話は千秋にもどるが、それにしても長大な計画である。確かに『古事記伝』は大切な本だが、それを藩政改革という具体的な問題と結びつけようとするのである。しかもまだ執筆途中で、全四十巻を超える本だ。たとえは悪いが、腹を減らした人を前に、籾種を蒔くどころか、新田開発をするようなものである。

改革には、もっと即効性のある方策も必要である。

『玉くしげ』の謎

改革の最初はまず意識改革から。

千秋はまず古道論の理念を書いた『玉くしげ』を世に広めようとした。立ち位置の確認である。

この本については、先に引いた天明五年千秋書簡にあった「君ノ意」ではないかという説もある。つまり『臣道』とセットになるというのだ。ただその後、藩政改革の具体的な提言書『秘本玉くしげ』と合わせて紀州徳川家に提出され、さらに千秋がこの本を出版するなど、不可解な点が多い。

つまりこういうことだ。

尾張徳川家の家臣の依頼で書いたのであるなら、紀州徳川家に提出するのは不思議な話ではないか。また、仮にも「君ノ意」という藩主向けの本なら、一般に公刊することも憚られるだろう。献上したものを勝手に出版するのも不思議だ。紀州藩が「結構です」と突き返したのなら分からないでもないが、そのような事実は確認されてない。

この本では、事ごとに神の所為とか日本が万国に勝れるということが繰り返されるので、今は読む人も稀となったが、実は宣長の古道論を、日本歴史や人の生死など具体例を挙げて書いた入門書のような本である。『秘本玉くしげ』のように、直面している貨幣問題や百姓一揆、打ち壊しなどを取り上げないのは、上に立つ者は、理念さえしっかりと押さえておけばよいと考えたからであろう。

よく考えてみれば、総論なので、べつに「君ノ意」にとらわれることはないのかもしれない。この本は寛政元年、千秋により刊行された。

さて、千秋が画策したもう一つのことは、宣長を尾張徳川家へ召し抱えることである。

一度リセットしてみる勇気

ところで藩政改革への提言を古典研究家に求めるというのも大胆な発想のようだが、そうと限ったことでもない。

実は近世の学者は、僧侶も同じだが、その地域の「知識」であり、よろず相談所のようなものである。人の生き方や、地域の抱える問題にも、それぞれの立場から、正面から取り組んでいた。また、個人差はもちろんあるが、学問というものはよりよい人生のためだという気概を持っていた。それがなければ、市井の雑学者に堕するのである

実際に宣長に寄せられた質問にも、「死という問題とどう向き合うか」というものもあり、学者になりたいという町家の若者からの相談もある。たとえそれがプライベートな質問であっても、学者としての知力を尽くし回答するのである。「私の研究領域とは違う」とか「そのようなことは僧侶に聞くか、自分で考えたまえ」と突き放すことはない。ことが藩政であっても、外交でも変わりはない。

宣長がどのような苦労をして学問の道を選び、進んできたのか。それを考えるとき、寄せられた質問は、決して他人事ではなかったはずだ。

そんな宣長が、和歌や『源氏物語』、『古事記』と個別の研究をしながら、根元にある、日本とか、あるいは人について考えたときに、様々な疑問がわき起こってきた。私たちは大きな考え違いをしているのではないか。

では、いにしえに返るのか。それは誤りだろう。年月は逆さまには行かぬものだ。全てのものには、変わるところと変わらないところがある。戻ればよいというわけではない。

まず、知ることが大切だ。

たとえば、中国に学んだ儒学がその最たるものだ。そこで取り上げられる正邪、善悪、あるいは陰陽など誰も疑わないことだが、本当だろうか。いちいちのことでは、たとえば文字と声はどちらが優位か、善悪の価値観や男女の問題、人の生き死になど、一つとして、「当然之理（しかあるべきことわり）」はない。

心を潜めて古典を読み続け、今の世を見たら、ずいぶん疑問が生じてきたのだ。

一度、これまで習ったことや、信じてきたことをリセットしてみる必要がある。

そう、これが「からごころを清く離れて、古のまことの意をたずね」よという真淵の教えであり、宣長はそれを信じた。

「私は神代から人の世を見る」（『古事記伝』）と宣長は言い、その視点から、この国の人間の生き方や政治のあり方にも常に関心を払っているのである。

ラストスパート

寛政二年、宣長は「六十一歳自画自賛像」を描き、賛として、「しきしまの　大和心を　人とはば」という歌を詠んだことはすでに述べた。だがこの歌は、自選歌集『鈴屋集』には載せていない。

おそらく歌集の中に埋没することを恐れた。一首の歌として、独立して鑑賞されては困るので、載せなかったのではないか。この歌は、自己紹介の歌である。私は朝日に照り輝いている山桜にうっとりしてしまうのですよ、ということで、誰に同意を求めるものでもない。うかうか歌集に載せたら、「大和心とは何かと国学者宣長に聞いたら、朝日に照り輝く山桜みたいなものだと言われたよ」と解釈される恐れがある。本来は、「この画像で顔かたちは分かったけれど、一言自己紹介してくださいよ」と言われた、その答えである。

さてこの画像を描く宣長の中には、一つの目論見があった。生涯の最大の難問である「日本人にとって安心とは何か」への答えであった。

それを明解にすること、それが寛政年間を通しての宣長の課題となった。ラストスパートの開始である。といっても明和の九年間をかけて軌道修正をする人だから短距離走者ではない。ゆっくりとゴールに向けて進み出す。

六十一歳像が完成して間もなく、『古事記伝』第一帙が刊行された。功労者である千秋に宛てて、

返す返す生涯の大悦申し尽くしがたく、忝なく存じ奉り候　（原漢文）

とていねいに礼を述べている。

遷宮が終わったばかりの伊勢神宮や、また熱田神宮などへの献本も行われた。この頃から、千秋も動き出す。

抜群の危機管理能力

宣長は鈴を鳴らしながら書斎で静かに机に向かうというだけの学者ではない。学問

の未来を見据えた、一人の戦略家という顔も併せ持つ。

「人は教えでよくなるものではない」と宣長は言う。荻生徂徠にも同じような言葉があるが、寺子屋の子どもたちならともかくも、大人に無理矢理に教えようとしても、それは逆効果である。五百年、千年かかっても、正しい方向に気づいてそちらに進もうとするまで、待たなければならない。無理は禁物だ。

ただ、古典により自得したものはある。

紀州藩へ藩政改革案を出すように勧められれば、『玉くしげ』、『秘本玉くしげ』を書いて提出もし、また尾張徳川家の重臣・横井千秋の求めで君臣関係についての『臣道』をまとめてもいる。

光格天皇が『古事記伝』を御覧になったという話にも浮かれることなく、時の権力者である松平定信に取り入ろうなどという素朴な作戦などを持ち込まれても、先方から申し出があればと慎重な構えで相手にしない。

どのような時も、全体を俯瞰し、長い時間軸で考えることが出来るので、決して焦ることはない。さりとて五百年、一千年先だけを見ているのではない、直近のことも考える。

たとえば為政者にとっては、「大政委任論」という天皇と将軍家の関わりについての宣長の意見は、気になるところであった。尾張徳川家の勘定方・人見璣邑《きゆう》は、あまり千秋が薦めるので、宣長に会うことにした。面接である。

人見は、事前に『秘本玉くしげ』を読み、「すこぶる耶蘇《やそ》の説に似たり」と批判を漏らしている。そのあたりの事は、宣長には想定済みだ。面接会場に自慢の衣裳「鈴屋衣」を着用していき、相手を煙に巻くくらいの洒落っ気もある。

紀州徳川家に仕官したのは、松坂が紀州藩領だったというだけでなく、御三家というご威光も考えてのことであったろう。新しい学問を興せば、旧勢力からの抵抗は必ずある。宣長在世中なら、それをしのぐことも出来なくはないが、将来的には困難も生じてくることも予想される。その時の布石だ。

現に、かなり時代は下り天保の頃だが、幕府の儒官・林述斎は平戸藩主・松浦静山宛書簡で、聖人をそしり中華を邪とする国学を批判し、「宣長もよき時分に死んだ、今なら無事では済むまい」と述べている。また尾張徳川家では、津の藤堂藩では本居派を禁止しているようだと言って、本居派の動きを牽制したこともある。

このような状況になって初めて、本居家が紀州家に召し抱えられていることの意味は大きくなってきたのである。

王者的自由

中国古代の「聖人」は認めない宣長だが、孔子は別だ。「孔子《くじ》はよき人」と歌にも詠み、また「恩頼図《みたまのふゆのず》」にも恩人として扱われる。

その孔子は、「七十にして心の欲する所に従って矩《のり》を踰《こ》えず」(『論語』「為政第二」)と言ったが、宣長もまた自在さの中にも、もと(本)を外れることはなかった。浮かれもせず、落胆もせず、ゆったりとしている。

フランスで客死した哲学者・森有正は、パリで宣長の「物のあはれを知る」説を盛んに説いていたと聞く。森は次のように宣長の印象を語る。

かれの書いたものを読んでいると、仏教や朱子学に対してさえも、自由に、その国学イデオロギーと抵触するような発言をしているところがあってはっとすることがある。そういう自由な態度は、単なるイデオロギーや学問からは出て来ない。

私はそれを「王者的自由」《LIBERTE SOUVERAINE》と呼ぶ。本当の思想家の刻印である。人間、何を大切にしなければならないかを心得た本当の思想家の自由である

「本居宣長を繞《めぐ》って思うこと」

宣長をよく知る人の言であると思う。また森は、哲学の先生の紹介で、パリジャコブ街に住む博学な老婦人のもとに、ハイデッガーの『存在と時間』をドイツ語で読むために通っていた時の体験を述べている。

老婦人とはしばしば一緒に勉強したので、大体どういう生活をしているか判ったが、それは綿密な注意深さ、と言う点で一貫していた。家事のきりもりでも、健康でも、仕事でも、すべての点に等質に注意が注がれ、全体がゆっくりと進行しているのであった。

まさに宣長の生き方ではないか。交際や仕事、諸雑事もないがしろにせずいちいち悩まず、迷うことがない。その中で、自分が本来なさねばならぬことを常に確かめ、

一歩でも前に進もうとする生き方である。

学問の流通革命

宣長の生家の隣が三井家であることは先に述べた通りだが、その越後屋・三井高利の行ったことは、まさしく流通革命であった。

それまで庶民にとって消費活動といえば、寒いから着物をもとめ、空腹だから食品を買うといった、必要に迫られてのものであった。

ところが高利は、「店先売り《たなさきうり》」や「現銀掛け値無し」、その場での仕立て、商品知識を持つ専門家を店先に配置するというような新手法を続々と採用し、高品質でしかも木綿では松坂縞とか呉服では京都のお洒落なものを揃えて、必要プラスアルファ、つまり消費を文化にまで高めることに成功した。

聞かれたことはないだろうか、大正から昭和初期に、「今日は帝劇、明日は三越」という広告があった。今日は帝国劇場でお芝居を観て、明日は三越百貨店でお買い物という一つのステータス。商品だけでなく夢も売るという商いである。

さて、三井の隣、小津家に生まれ育った本居宣長は、学問における「流通革命」を行った。

学問においては「成果の普及」はあっても、「流通」という言葉はなじまないと抵抗を感じる人も多いだろう。しかし宣長の登場で、日本古典研究の世界の風通しがよくなっただけでなく、学問に投資する経費もずいぶん安価になったはずである。

当時、何を学ぶにしても都に出て、何年もの修業の後に秘伝を授けられるのが普通であった。それが、十八世紀になって徐々に変化の兆しが見えだした。

もちろん宣長の時代でも、たとえば谷川士清の垂加神道の世界では、神道伝授の許状に高額の金が動くこともあった。ところが、宣長の登場で地殻変動が起こった。今のお金に換算すると数千円の投資で、最新の研究成果が手に入るようになったのである。

しかも、文章は明晰、質疑応答や反論も許される。これが本居学の魅力である。

もちろん出版されるまでには時間もかかる。すぐに見たいと思っても難しいが、でも大丈夫。伝手があれば刊行前でも借覧も出来る。

たとえば、年に一度、伊勢神宮のお札や伊勢暦などを持って旦那廻りをする御師に頼んでみることだ。きっと手だてを考えてくれる。うまくすれば『古事記伝』稿本の写本でも借りることが出来るかも知れない。

それだけではない、手紙で質問をすれば回答が得られる。熱意があれば、たとえば『万葉集』なり『後撰集』と関心のある古典についてのまとまった質問も可能である。しかも、納得がいくまで質疑応答を繰り返すのが宣長の流儀。

頑張って松坂に来ることが出来たら、研究のもとになった宣長の手沢本（書き入れ本）『万葉集』なども閲覧が許される。自説を付箋ではさんでいく人もいる。こうなると立派な共同研究である。

そうこうしているうちに、本は出版される。

いや、もっとすごいことがある。資金力がある人なら、自分の関心事を宣長に話してみると本を書いてもらうことも可能だ。『古今集遠鏡』、『新古今集美濃の家づと』、『源氏物語玉の小櫛』などそうやって書かれ、出版された本である。

田舎で一人で勉強する者には仲間も欲しいだろう。そんな時は紹介もしてもらえる。宣長のところで学んでいると、自ずと横の関係は広がっていく。

また、いったい宣長先生はどんな顔の人だろうという疑問に駆られたら、自画像の写しも手に入れられるようになった。

本を出す

契沖の『百人一首改観抄』、賀茂真淵の『冠辞考』、北村季吟の『源氏物語湖月抄』、『古事記』、『二十一代集』。

宣長の生涯を決定づけた五つの本を挙げてみた。これらに共通するのは、全部出版された本であるという点だ。

宣長は経験に学ぶ人である。長いスパンで物を見ることが出来ると言ったが、自分の仕事を理解してくれる人が同時代の人であるとは限らない。出版は広めることであり、未来へ伝えることでもある。

出版についても宣長は抜群の能力を発揮する。

資金調達から本屋との交渉、また序文や跋文まで的確な指示をする。本の装丁についての好みは既にV章でも触れたが、作業の手順も、分量のある本の場合、一番最初の巻の版下や彫刻はあとからにして、途中の巻から始めると手が慣れてきてよいなど、具体的な指示も与える。経験値を生かすのだ。書袋など末のことは本屋に譲歩することもある。

ここでも宣長は人に恵まれた。千秋から植松有信という板木師を紹介された。今も有信の彫った板木や校正刷り、有信宛のたくさんの書簡が残っているが、たいへん腕のよい職人で、しかも宣長の学問に心酔していて、任せて安心できる人であった。

有信に限らず、当時の職人の技術力は高かった。しかもよく働くので、質のよい印刷物が短時間で出来た。日本の学術は職人の技術の高さに支えられている。

宣長の家集『鈴屋集』は私家版、つまり自費出版なので見積もりが残っている。それを見ると、ちょっと信じがたい話だが、たとえば一人の摺り師が一日に何枚摺るかというと、一千枚だという。板木に墨を塗り、見当を付けて紙を置く。ばれんで擦り、そっと剝がして乾かす。一枚出来上がり。これを千回繰り返すのである。数をこなすだけではない、今、その版本を見てもたいへん美しい刷り上がりである。

このようにして本が印刷されるのだが、宣長は、出版が自説の一応の完成であると考えていた。

著作で木版本として刊行されたものは、数え方にもよるが五十種に及ぶ。中には

『石上私淑言』や『秘本玉くしげ』のように著者自身出版を考えていなかった本も含まれるのだが、多くは入念に準備された上での刊行である。したがって、宣長学における版本の位置づけは、たとえば師である賀茂真淵のように、とりあえず出したとか、たまたま出版されたというのと同列に扱うことは出来ない。持つ意味が異なるのである。改訂版は、『詞の玉緒』以外は出ていない。

そして、宣長の目論見どおりと言ってよいだろう、江戸時代はもちろんのこと、明治に至るまで、安定して市場に供給され続けるのである。

計算は不可能だが、出版された総数は膨大なはずだ。現在のマーケットに出る版本の価格、つまり安さがそれを物語っている。

本の販売も手伝う

本を出しても、それが売れないと本屋が困る。

宣長はそれも工夫する。たとえば本屋になかなか行けない門人には、自ら通信販売もする。甲府の門人・萩原元克はこの方法を利用している。先に宣長にお金を預けておいて、本が届いたら精算してもらう方式である。この手配も宣長が自分で行っている。また書簡では、近刊情報も流す。

こんなこともあった。

『漢字三音考』や『鈴屋集』など宣長の著書を扱う京都の書肆《しょし》・銭屋利兵衛の主人が、先生の本のキャッチコピーみたいなものが欲しいと頼みに来た。そこで、

能理奈賀が　あらはせるふみ　えまくほり　もとめむ人は　この屋訪ひこね

能理奈賀（宣長）の書いた本が欲しい人はこの店に来てください、と書いてやる。宣長自筆の掛け軸で署名もあれば立派なものだ。店に掛けておけば宣伝になるだろう。こんなことを全く苦にすることなくすぐに出来る人なのである。

宣長像を求めて

十八世紀後半、日本もいよいよ画像情報の時代に入った。錦絵や名所図会も出始め

た。志賀島で金印が出土したら、それを押したものが各地の研究者の元に届くそんな時代である。視覚革命と呼んでもよい。そんな中で、宣長肖像もいち早く商品化された。学者のブロマイドが売れるなんてすごい時代ではないか。

吉備津神社（岡山県）の藤井高尚は、書斎に先生の画像を掛けると、松坂で先生の話を伺っているような心持ちになれると書いている。

浜田藩主松平康定侯は、宣長と会った感想を、顔つきや髪の結い方などは見ていた画像とそっくりだと証言している。

藩主という立場上、松坂に来ることが出来ない康定侯は、家臣の小篠敏《おざさみぬ》を派遣して講釈を聴講させている。きっと御殿の中で、宣長像を掛けて敏に講釈の再演をさせていたのだろう。

その康定、参宮という口実を見つけてやっと松坂に来ることが出来た。さて、康定侯の目に映った宣長だが、風貌は絵とそっくりだった。が、著作の激しさとは違いおだやかで、痩せてはいるが重厚な感じであった。また、身長が相撲取りくらい高いことにも感心している（『伊勢麻宇手能日記』）。

彼らが入手した宣長像は、名古屋の狩野派絵師・吉川義信の写しであったと思われる。宣長像の写しは何人も作成しているが、義信の写しは信頼度が高く、宣長自筆の賛がもらいやすい。藤井高尚、鈴木朖、坂倉茂樹など高弟たちが所持していたのも義信の作であった。ちなみに義信の写しは板木職人の植松有信が斡旋《あっせん》することが多かったようだ。

宣長に会いたくて参宮の帰りに松坂に寄ったが京都に出かけておられると聞き、仲間と別れて一人京都に赴き、宣長の後をついて回った高山の田中大秀という人がいるが、彼も義信像を入手しようと、植松に問い合わせていたことが分かっている。

まったく世界は違うが、滝沢馬琴も宣長像を手に入れようとした一人。ただ、値が高すぎて断念しているが。

真淵の先見性

宣長の登場で、学問の敷居がいっぺんに低くなった、と言いたいところだが、ここでも先鞭をつけたのは実は真淵である。

真淵は宣長に大きな期待を寄せ、書簡や「問目」という質疑応答書、また本の貸し出しを行った。それに対してお膝元の江戸で学ぶ門人たちは複雑な感情を抱いたが、師がそれを認め、弟子である宣長が充分すぎる成果を上げたのであるから、結局はこれが一つの転換点となったのだろう。

この真淵の開かれた学問姿勢を推し広めていったのが宣長であったと言うことになる。

上田秋成に「目ひとつの神」(『春雨物語』)という短編物語がある。

相模に住む若者が、都で学びたいという夢を抱き笈を負い京を目指した。ようやく近江国老蘇《おいそ》の森までたどり着いた。都まではあとわずかというこの森で一夜を明かそうとするのだが、現れた目ひとつの神は、戦乱の続く都にはお前の求めるようなものはない、自分で学べと諭し、強制送還されるという話だ。

都にあるのは、「目ひとつの神」ではないが、結局は秘伝の世界で、疑問を抱くとも批判も出来ないという硬直した学問である。

だが、独りで学ぶことも、もはや時代遅れとなった。志さえあれば、誰でも、どこででも学ぶことが出来る環境が徐々にではあるが整い、仲間も増えてきた。

その一方で、Ⅳ章の文化東漸でも書いたように、地方が文化を担う時代も到来した。

教養である宣長の学問とは同列には扱えないが、医では紀州の華岡青洲《はなおかせいしゅう》、儒では豊後国日田の広瀬淡窓など地方在住の良師を求め旅をする時代に入っていく。

よく知られているように、吉田松陰や坂本龍馬など幕末の志士は実によく歩く。歩くことは学ぶこと、そのような時代が十八世紀の末、いよいよ始まったのである。

磨き込まれた講釈術が学問をも磨く

宣長の住む松坂に来る大きな目的は、やはり講釈を聴くことだろう。

宣長が二十九歳の夏から開始した古典講釈は、七十二歳で亡くなるまで継続する。講義書目や聴衆、時には場所を変え、四十年にわたって続いたことになる。

ところが、この講釈については存外分からないことが多い。

まず確実なことは、多忙だった宣長がかなりの時間を費やしたということ。つまり情熱を傾けたのだ。

確かなこと二つ目は、原則、無料だったこと。

師弟関係が確立して以後は、中元や年玉などと年に何度かの礼をもらうことはあっても、それとて明文化されているわけでもなく、気持ち次第である。最晩年にいたって、秘書役を務めた大平が、講釈聴講を門人に限定してはと提案し、一部実行にも移そうとしたようだが、その頃には講釈の会場は和歌山や京都でと旅先が多く、門人限定というのもほとんど意味を持たなかった。つまり、医者のサイドビジネスではない。経済的な対価を求めなかった。

直接収入にはつながらず、また大半の聴衆は、趣味教養として聴講していたかもしれないが、宣長にとって講釈は、研究と出版とともに物まなびの中心となるものであった。講釈することで、研究を磨き、また出版にもつなげていくのである。

テンポ、リズム、これがたくさんの仕事をこなす秘訣だとするなら、実際に声に出して原文を読み、人に説いて語るのはとても良い方法だろう。

『古今集遠鏡』で宣長は、『古今集』の口語訳を試みている。古典の現代語訳の始まりとも言われているけれども、文章の細かなところ、心の機微まで味わうためには、今の言葉に訳してみることが一番であることを知っていた。単語レベルではなしに、センテンスを味わう。あるいはその場面の流れで文章を理解する。そのためには、やはり声に出して同じ時代の人でも分かるくらいにならないといけない。

講釈が宣長の学問を鍛えたのである。

ため息が出るほど面白い講釈

京都での宣長の講釈を聴講した伊予の二宮正禎が、

先頃、鈴屋大人在京之時、御講釈ニ毎日出席仕候、源氏・万葉おもしろき事いはんかたなし、げに独歩之先生と毎日嘆息仕候事に御座候

と友人・野田広足に書き送っている。ため息が出るほどの面白さは、インタレスト、知的な面白さであることは言うまでもない。ため息が出たかどうかは別にして、松坂での『源氏物語』講釈は三回半行われ、一回が八年から十年かかるが、第一回目参加九名のうち、全講受講は七名。脱落と死去各一名。参加者の大半が全講受講である。聴きに行きたいという気持ちにさせるものがあったのだろう。

では、面白おかしく光源氏と女性たちの恋物語を説き聞かせるのかというと、全く

違う。おそらく当時の日本最高レベル、最前線の研究が語られていたのである。

石見国浜田藩主・松平康定侯は、家臣・小篠敏を松坂に滞在させてその講釈を聞き取らせて、渇《かつ》を癒《いや》したのである。

こんな話が残っている。

講釈が引けて帰るとき、一人の大店のご主人が、「色々遊びも尽くしたが、学問ほど面白いものはない」と言ったそうだ。真偽のほどは分からないが、そんな言葉が聞こえても不思議でないほど、講釈は面白かった。町人ではあるが、稲懸棟隆、三井高蔭、殿村安守、常久兄弟らはこの歓びを知った人たちである。

聴衆はテキストを持参してきたか

当たり前のことだが、講釈は声で行われる。

つまり、聴衆が速記などの記録を残さない限り、消えていってしまう。さすがの宣長も講釈については、講義書目を除いては具体的な記録を残していない。また、四十年という時間の中で、聴衆も代われば、学問も深まっていく。包括的に捉えることは無理がある。それを知ろうとするならば、断片的なことを積み重ねていくしかない。

まず多くの人が驚くであろうことを一つ話しておく。

講釈の会場は、大半が魚町の本居家奥座敷八畳間であった。開催の時間は、夕飯後。内容は研究成果に基づく専門的なものであったようだ。漫談ではない。

漫談ではない、とわざわざ断るのは、どうやら集まった人の多くが、テキストも持参せず、ノートも取らなかったと考えられるからである。

推定には根拠がある。

まず、講義書目が多岐に及んでいて、それだけの古典テキストを、さすがの松坂でも揃えることは困難であったと考えられるからだ。

ではいったい、何を講義したのか。

宣長の講釈は古典を対象とする。ごく稀に自分の書いた本も入るが例外的である。対象となる古典は『源氏物語』、『万葉集』、『日本書紀神代巻』、『古今集』、『新古今集』、『伊勢物語』、『土佐日記』、『枕草子』、『百人一首』に始まり、『職原抄』、『公事根源《くじこんげん》』、中国の『史記』などにも及んだ。

熱心な門人からの『延喜式祝詞』をとか、紀州藩主から『古語拾遺』や『大祓詞』

をなどのリクエスト講義もある。『古事記』は講釈書の中に入っていないが、和歌山では所望もあったようで、その時は、本文を読み編集し直した『神代正語』という著書を講釈した。

ここで、宣長が買った『源氏物語』や『万葉集』の値段を思い出してほしい。金を惜しまなかったら本は手に入る時代になっていた。でも、高かった。

それと、聴衆には晩年のごく少数の例外を除いて、専門家はいない。また遠路、「万葉」や「源氏」を持ってやってくる門人が果たしていたかどうか。

豪商の蔵書に古典の基本書は揃っていたか

当時の松坂の町人の教養の高さと、今の我々を比較することは出来ないが、それにしても人口一万人の松坂の町に、『万葉集』なら寛永版本でよかったら二十巻全部揃っているとか、「源氏」も『湖月抄』はないが嫁入り本なら全五十四帖ありますという家は何軒くらいあったのであろうか。

もし聴衆全員が持つとするなら、たとえば「源氏」なら十セットは必要となる。

私も実際に、松坂の豪商長谷川家や射和村の竹川家の蔵書調査に参加させていただき、また小津茂右衛門家など何軒かの土蔵にも入れていただいた経験からだが、射和文庫を有する竹川家と、早くに散逸して目録しか残らない小津久足の西荘文庫、このあたりは別格だが、存外、古典のテキストは少なかった。あっても美しい写本であり、実際の役には立ったかどうか分からない本だ。

長谷川家も分家には常雄という宣長の高弟はいた。三井家には高蔭もいる、そこの蔵書が残っていたら少しは違ったかもしれないが、よほど好学の主人でもいない限り、実用的な注釈書の版本より、むしろ調度品としての古典が重宝されたであろう。もちろん宣長が、異本校合するときには、そちらの方が助かったのだが、テキストとしては役に立たない。

『栄花物語』や『二十一代集』、『万葉集』などはゼミナールも行っているくらいだから、探せば皆無ではない。それを借りることもあったろう。しかし全員は無理だ。また他国からの飛び入り参加の人は、テキストが必要な時には、「ちょいっとご免」と隣に座る人のをのぞき込むくらいではなかったか。

部屋の暗さ

さらなる問題がある。部屋の暗さだ。

『群書類従』を編纂した江戸の大学者・塙保己一にこんな逸話がある。保己一は盲人である。つまり目が見えない。和学講談所という、今ならさしずめ国立大学の文学部みたいところでの講釈だから、門人は当然テキストを持って集まってきている。ある時、講釈途中で門人たちが保己一先生に、しばしお休みくださいと講義の中断を願った。

保己一が理由を問うと、「行燈《あんどん》の火が消えました」という。保己一先生は、「さても目明きは不自由なことだ」と笑った。

これは明治になって錦絵にもなった有名な話だが、では宣長のところはどうか。

夜だから行燈は必要だ。宣長の手元にはある。しかし聴衆が仮に十人だとすると、皆に明かりが届くほど燭台を用意できるかというと、百物語でもあるまいに、到底無理だ。机もいったいいくつあったか。そんなには揃っていない。

薄暗い部屋の中で聴衆は、宣長の声を、きっと全身耳にして聴いていたのであろう。たとえば「源氏」の場合、宣長が本文をゆっくりと読み全体の流れと、重要語彙の語釈や解説があり、次に進んでいくという流れではなかったか。

「ノートを取るのに夢中になると聴くことがおざなりになる」と宣長はこぼしているので、少数の人が聞き書き、つまりノートを取っていたことは分かるが、しかし一番大事なのは聴くことだと宣長は考えていたのである。

多くの門人は、薄暗い座敷の中でじっと耳を傾け、遠い昔に心を遊ばせていたのだろう。

これが真の豊かさではないだろうか。

講釈の時間と回数

一回の講釈に要した時間についても、松坂での定例のものについては分からない。

読んでいくスピードだが、「十三日夜源氏物語開講、此源氏の講談は去年の夏より始めけるが冬中に葵巻までおはりてこよひ榊より又はじめぬ」と宝暦九年正月十三日の『日記』に書いている。

当時の「夏」は四月から六月まで。十二月まで最長でも九か月。この間に『源氏物語』の一番最初の「桐壺」から開始して、「帚木」、「空蟬」、「夕顔」、「若紫」、「末摘花」、「紅葉賀」、「花宴」、「葵」まで、『湖月抄』本で四冊進んだことになり、講釈回数を月八回としても、かなり速いペースである。

ちなみに二度目の講釈では、同じ分量を月八回（月によっては九回）ペースで、一年二か月かけている。これが普通のスピードかもしれない。

開催日時だが、歌会の場合、嶺松院歌会は十一日と二十五日、遍照寺が十七日と日は固定しているが、講釈は、たとえば「源氏」は二の日、六の日、十の日と決められていて月によって変動する。たとえば「十日」なら、十日、二十日はよいが、三十日は、旧暦では大の月しかない。

試しに『古事記』研究の第一歩を踏み出した宝暦十四年の正月の歌会、講釈日を示すと、

二日、源氏講釈、四日、万葉講釈、六日、源氏講釈、八日、神代紀講釈、十日、源氏講釈、十一日、嶺松院歌会、十二日、源氏講釈、十四日、万葉講釈、十六日、源氏

講釈、十七日、遍照寺歌会、十八日、神代紀講釈、二十日、源氏講釈、二十二日、源氏講釈、二十四日、万葉講釈、二十五日、嶺松院歌会、二十六日、源氏講釈、二十八日、神代紀講釈、三十日、源氏講釈

これは全部行われたと仮定した場合で、休講もあったはずだが、月十八回近くの講釈や歌会とは驚異的である。大学の先生ならともかくも、昼間は医者をやりながらである。

また六十代になると『万葉集』講釈が目だつのは、遠来からの飛び入りでも参加しやすいことを考慮してのことかもしれない。

夕飯後に始まった講釈が終了したあと、いろいろ雑談もする。その記録が『講後談』である。三井高蔭の日記によれば、帰宅するのが今の十時か十一時過ぎ。高蔭の家は、宣長宅とは、背中合わせである。

講義の一番最初や、年始開講の時には、「回章」という連絡通知が送られる。正月開講には一献差し上げるとある。回章が届いたら、名前の右上に線を引き次にまわす。不参加の場合はその旨記す。

ちなみに聴講者数だが、「源氏」第四回の時には十七名に宛てて案内している。そ

こに、吉備の藤井高尚のような飛び入りもあった。
これが特別の講釈となるとまちまちである。

御前講釈をする

寛政六年閏霜月十二日、紀州藩主祖母・清信院様に講釈を行った。

四ツ時より吹上御殿へ参ル、清心（信）院御前ニ而、源氏物語若紫巻講尺申上、廿枚余読ム、四切リ、夜ニ入古今集俳諧部読ム、御姫様ニも吹上御殿へ御出に而御聴聞、其外御医師中一列、御役人中一列聴聞也

とある。午前十時頃から四講で、二十丁（枚）余読んでいる。しかも夜は『古今集』の俳諧部の講釈。六十五歳には辛かったかもしれないが、清信院様の気配りは格別だった。

老人は寒かろうと宣長の両脇と背後と、その三方に大きな鬼面火鉢を置いて下さり、

綿入れも用意してあった。

また宣長は、鈴屋衣の着用を許され、藩主への御前講釈と違ってひれ伏す必要はないと言われ、眼鏡をかけることも許された。事前に、料理の好みや、酒はどうか、お菓子はいかがかとお尋ねもあった。実に手厚いもてなしである。

実は清信院様は、江戸にいた頃には、真淵からかわいがられた門人・みほ子であり、懐かしい話も出たという。聴衆は清信院様ほか、お姫様など十五、六人であった。

寛政七年八月十三日、松坂の旅宿での浜田藩主・松平康定侯への講釈では、

初音の巻のはじめ三ひら四ひらばかり講じたる。いとようひとほれり

と康定侯の紀行にはある。『源氏物語』「初音巻」の冒頭、三、四丁（枚）を読んだ。侯は、明解な講釈であったと感想を述べている。

この講釈が気に入った康定は、独り占めしてはならぬと、宣長に無理に『源氏物語玉の小櫛』としてまとめさせ出版させるのである。講釈のレベルの高さが窺えよう。

寛政十二年十一月二十九日、紀州藩主・徳川治宝侯への御前講義では、

講尺、源氏帚木巻、始より五枚読、尤御好ミノ巻也

と、『源氏物語』「帚木巻」の冒頭、五丁（枚）を読んでいる。藩主が大好きな巻だと書き添えている。清信院様の時と同じように鈴屋衣の着用を許され、またその前の御前講釈では十八畳を隔てた奥の御上段におられた藩主は、次の間に下りて座られ、宣長との距離はぐっと縮まった。藩主は出てこられるとすぐににっこりとされ「久しい」とお言葉を賜った。講釈終了後は、二汁五菜のごちそうとお酒が用意されていた。

与えられたチャンスは必ずものにする

ところで、紀州徳川家が、どのような意図で宣長を召し抱えたのかはよく分かっていない。

自領松坂の宣長のところに、加賀の前田家や尾張徳川家の影がちらついているのを知り、引き抜きを警戒したことと、宣長門人で紀州藩松坂領与力の服部中庸の画策が

功を奏し、取りあえず人材流出を防いだというのが真相かもしれない。

最初の和歌山出府では、城下でしばらく無為の日を過ごす。なんのために呼ばれたのかよく分からぬと宣長はこぼしているが、藩の方も何をしてもらうという特別な計画もなかったようで、しばらくして「中臣祓」という祝詞でも講釈せよと下命があり、また続いて「詠歌大概」の講釈も命ぜられた。

確かに宣長の学問を知る上でこの二冊は大事な古典だが、選んだのは実は宣長である。コンパクトで概略が分かるものを何かと言われたのだ。

相手の思惑はどうであれ、それを生かすのが宣長である。

続く清信院様のところでは「源氏」の講釈が行われ、これが好評だったので、次の出府となる寛政十一（一七九九）年二月十七日には、藩主は迷わず『源氏物語』を講書に指定した。

十七日、一、御城御広敷へ参ル、大奥御対面所ニ而、源氏紅葉賀講尺申上、九ツ過より参リ七ツ半比下ル
『寛政十一年若山行日記』

お昼十二時頃から四時半くらいだろうか。殿下は本当は「中臣祓」などではなく、「源氏」を聞きたかったのだろう。場所は和歌山城大奥御対面所、テキストは『源氏物語』「紅葉賀巻」であった。

この時、同席した家臣たちは、講釈する宣長の言葉はよどみなく、分かりやすく、また句切りも大変巧みで、さすがに若い頃から講釈をしているだけのことはあると噂しあったそうである。

古典の講釈は内容や構成、間の取り方など総合力勝負である。大奥御対面所での講釈では廊下にひれ伏しながら、十八畳の間のさらに奥の御上段の間にお見えになる藩主の耳に届かせなければならない。かなりの肺活量だろう。

ひれ伏しながらも宣長は、御対面所の間取りやら同席する家臣の位置、藩主の御座の後ろに描かれた松の絵なども細かく観察していて、あまり緊張は感じられない。

なお清信院様は、さすが真淵門下だけある。「源氏」の次には『万葉集』の講釈を聴講されている。学問の力は、身分をも越えるのである。

熱心な門人には特別講釈もする

宣長は専門家向けに講釈をしたことはない。

そもそも学問は、自分で目標を定めて行うもので、手取り足取り教えるものではないという厳しい考えが宣長にはあった。何より自分を含め、集まる人はそれぞれ生業を持っていたことも大きな要因だろう。宣長のところで勉強したからといって良い仕官の口が見つかるというものでもない。

もちろん例外もある。寛政十一年三月に来訪した岡山の吉備津神社宮司・藤井高尚のために「祝詞」を講釈したのは、余程熱心だったからに違いない。

よるは鈴の屋にまゐりて、祝詞式のはじめときたまふをきく。これはおのがためにときたまへるなり

「私一人のために講釈してくださった」という言葉に、喜びと誇らしさが感じられる。

五百名を数える門人も、特に初期の人たちは歌会の仲間たちであり、良き理解者ではあっても、彼らにとっては学問というよりどこまでも教養だったのである。
口の悪い友人・荒木田久老は書簡の中で

宣長はよく愚を誘ひて天の下に名を得しもの也。是実に豪傑と言ふべく候

と茶化している。なるほど鈴木朖や田中大秀や藤井高尚などのように研究者として名前を残した人は、そんなに多くはない。集まった多くの人は素人だ。久老は自分は遊び人だというが、内心は真淵門人としての矜持と、『万葉集』には一家言あるのだという自負の固まりであった。その目からは町人風情を集めて講釈する宣長は、お山の大将に見えたのだろう。しかし宣長はまったく逆だ。

当時、古典研究の世界にアカデミズムがあったかどうかは分からないが、少なくとも権威、オーソリティーは存在した。久老や上田秋成はいくら自由人を気取っても、実はそんな権威を意識し続けた。だが宣長は違う。端から無視している。

物まなびは、志を立てて、それに向かって歩みを止めないことに尽きるのであって、

プロもアマも、権威も全く関係ないというのが、宣長のスタンスである。学びたいという人の力を最大限に発揮させることができることに、工夫を重ねたのだ。

学問はなんのためにするのか。人によりその目的は異なるが、よりよい人生を送るためというのもあるだろう。古典に親しみ、心、つまりセンスを磨くのである。

なぜ古典講釈なのか

宣長の古典講釈の話が延々と続いて、辟易した読者も多いかと思う。しかし、皆さんの先輩は、こんな講釈を聴き、自分の感性を養っていたのだ。プロの古典講釈師や研究者になろうという人は聴衆の中にはまずいない。しかし宣長と親しく交わる中で、意見を交換し、本の貸し借りし、講釈や歌会に参加し、他国の人と交わり、時には花見やカジカの声を聞くなどして、人生を豊かにしていったのである。

人生を豊かにする、これは風雅の心を養うことでもある。

さてこの物語を常に読みて、心を物語の人々の世の中になして、歌詠む時は、おのづから古への雅やかなる情のうつりて、俗（よ）の人の情とは、はるかにまさりて、同じき月花を見たる趣も、こよなくあはれ深かるべし『源氏物語玉の小櫛』

（さてこの物語をいつも読むことで、今の私たちの心持ちを舞台となった時代に遊ばせて、その上で歌を詠んでみると、自然と古の雅やかな心持ちとなり、俗情を離れ、同じ月や花を見てわき起こる感慨も、たいそう印象深いものとなるはずだ）

感性を磨くと人生が豊かになるというのである。

『うい山ぶみ』の本文の最後では、歌を詠み物語に親しむことで昔の人の風雅な心を知ることが学問をする上で大切だとも述べている。

繰り返すが、宣長は専門家向けの講釈をしたことはない。古典講釈の聴衆は庶民、みな家業を別に持つ人たちである。その庶民がただの庶民ではなかったのだが、研究者の卵ではない。稀には先生のようになりたいと考える村上円方《まどかた》のような人もいたが、

家のなり　な怠りそね　みやびをの　書は読むとも　歌は詠むとも

本や歌も結構だが、まず家業に専念せよと宣長から忠告されている。彼らは昼間の仕事を終えて、暗い部屋の中で師の声に耳を傾けていた。そこでは、日本で最高水準の内容が明晰で巧みな語り口で講じられていたはずである。歌会も開かれる。宣長が関わった松坂の歌会は嶺松院と遍照寺だが、講釈と歌会、全部合わせると年にもよるが一か月で二十日以上は何かの会が開かれていたことになる。

では聴衆は何を目的に集まったのか。社交とか趣味でもあるし、もっと大きく捉えるとこれが教養だったのだろう。

義太夫や謡のさわりだけでなく「源氏」の一節が日々の暮らしを豊かにしていたのである。古典が生活の中に溶け込むこの町は、歌学者・北村季吟や和歌の四天王と呼ばれた澄月《ちょうげつ》、文人画家・池大雅や裏千家家元の玄々斎ら一流の人たちを魅了して、ここなら滞在してもよいなと思わせる空気を醸し出していたのである。

誰もが学ぶことが出来る稀有な国

日本では、誰もが学ぶことが出来る。憲法もそれを保障してくれている。それが当たり前だ、普通だとみな思っている。

だが、先進国であっても、ここまで平等にチャンスがある国は多くない。どこの国にでも、学ばなくてもよい人たちがいる。それが階層社会の怖さである。日本には貧富の差や、昔なら身分の差はあっても、意欲さえあれば学ぶことは出来た。その伝統は近世からずっと続いている。

現在も日本語を学ぶだけで、中南米だろうがアフリカだろうが、世界中の文学作品が読めるといわれるほどの翻訳大国であるし、たとえばフランスの思想家ロラン・バルトやミッシェル・フーコーの本でも、あるいはカントでもアリストテレスでもデリダでも書店に行けば山積みされている。

読み通す、あるいは理解できるか否かは別にして、誰にでも門戸は開かれている。文庫本になってていねいな解説が付き、入門書まで出ている。おそらく彼らの国でもこのようなことはなかろう。日本は特別なのである。

昭和五十二（一九七七）年十月、新潮社から小林秀雄『本居宣長』が刊行された。定価四千円のこの本が何万部売れたかご存じか。その年のお歳暮にまで使われたという。行きつけの寿司屋の主人まで買ってくれたと小林も語っているが、たとえば宣長関係ならこの本や相良亨など最高レベルの本が、文庫本になって地方の本屋にも並んでいる。

昨今、人文系の専門書は、立派な内容のものでも三百冊売れるかどうか危ういところであると聞く。研究者が少なくなったのだろう。だが、高価な専門書こそ購入しないかもしれないが、一般の読者の教養の水準は相変わらず高い。先に、江戸の市井の考証家が知恵を浪費していたと書いたが、これが日本人の知力の底力なのである。

学ぶ歓びに分け隔てはない

宣長の門人は約五百人、入門しなくても講釈を聴いたり、添削してもらった人は更に多いだろう。その人たちの職業や身分、住む地域はバラバラである。第V章に登場した田中道麿は今の岐阜県養老町の農家に生まれた。勉強したいと思ったが、貧しい生活では無理だとあきらめ、仕事を転々としていた。駕籠舁《かごかき》をしていた時、乗せた客から、近江の彦根に大菅中養父《おおすがなかやぶ》というよい先生がいると教えられ、向学心が再びわき起こり、学問の道に入っていった人である。

どこで暮らしても貧しいのだから、一層のこと宣長先生の傍で『古事記伝』でも写そうと郷里を後にした人もいる。一度の食事に梅干しをいくつ食べたかで争わなければならない境遇の下でも学び続ける話は、そんな生活に甘んじなければならなかった人がいることは大いに恥じなければならないが、学び続ける情熱は、同じ日本人として誇りとすべきであろう。

勤勉革命という言葉がある。歴史人口学の速水融が、日本の農村を研究し、イングランドでの「産業革命」に対して提唱した概念である。ちょうど二つの、逆向きの革命が日本とイングランドで起こっていたのだ。勤勉革命により、土地の生産性や識字率は向上し大衆文化が発達した。余暇も増えた。それがまさに文化東漸期と重なり、宣長の活躍期でもあったのだ。

努力と工夫を惜しまぬ人には時代も後押しするのだと思う。

松坂の文化力

雛が孵《かえ》ろうとする時に卵の殻を内からつつき、外からは母鳥がつついてくれる。母と雛が機を逃さぬことで卵は孵る。これを「啐啄《そったく》」という。

宣長が『冠辞考』を知ったのも、「物のあわれを知る」ことを発見することが出来たのも、宣長の問題意識とそれを共有しようとする人の息があったからに他ならない。これが「松坂の文化力」である。

江戸店は番頭や手代に任せ、主人は松坂で遊んでいると宣長に言われた松坂の旦那衆だが、遊ぶといっても宴会三昧ではない。茶会に句会、聞香、歌会、漢籍会など高尚な会が頻繁に開かれていた。特に京都への憧れが強かった町だけに、句会よりは歌会、浮世絵よりは土佐派や四条円山派が好まれ、その延長での古典講釈もまた盛んであった。高弟の三井高蔭の日記を見ると、『源氏物語』の会も宣長のところだけではなく別の場所でも開かれていた。教養のレベルは高かった。

京都から帰った宣長は、樹敬寺嶺松院で開催される歌会に参加した。

正式に儒学を学び、『春秋左氏伝』や『日本書紀』を校訂し、契沖の本で学んできたその学識は、既にかなり高いレベルにあったが、その宣長に的確な質問やアドバイスが出来るのだから、当地の旦那衆の古典知識の水準の高さは窺うことが出来る。

最初の著作『排蘆小船』は、傑出した和歌論だが、それもこの歌会に参加するにあたっての理論武装的な役割も担っていたのだろう。それぐらいの準備をしないと相手にしてもらえない手強い人たちなのである。彼らは、『源氏物語』講釈を宣長に依頼し、また勅撰集『二十一代集』校訂にも参加する。そんな面々が、豆腐屋のご主人、文房具店や木綿問屋の若旦那として町の中にいたのである。

学問だけではない。江戸時代後期、松坂の旦那衆を夢中にさせたものに茶道があった。抹茶である。特に裏千家十一代宗匠・玄々斎との交流は親密であった。宗匠にとって松坂の旦那衆は、最も腹蔵なく話が出来た人たちだったという。

こんなことがあった。

松坂郊外射和村の豪商・竹川竹斎は、京都裏千家の今日庵《こんにちあん》を訪れて「唐物《からもの》」という渡来の濃い茶器を扱う作法を伝授され、なんと今日庵を借りて宗匠を正客として茶事を催しているのである。破格の扱いである。

そのような話をすると、財力に物を言わせてと必ず言われるが、違う。たとえば長谷川家の主人・元貞と玄々斎の交友が深まったのは、店の経営が急変する社会情勢の中で悪化してからである。もちろんお金も必要だろう。しかしそれ以上に、あり余る教養と本物を見抜く鍛えられた眼が宗匠の心を捉えたのである。

一番大事なことだが、自分たちの目にかなったもの、人を選んでくるだけの素地と財力がこの町には備わっていた。この町が、宣長を、あるいは馬琴や鴨川井特《かもがわせいとく》、玄々斎らを見つけて、育てたのである。

円居の図

この時代には集合写真のような絵が各地で盛んに描かれた。

そこに集まるのは、儒学者、蘭学者、俳諧師など同じ趣味や学問の仲間たちである。宣長たちにも「鈴屋円居《まとい》の図」がある。宣長は医者のよく着る十徳姿。僧戒言は墨染めだが、他のメンバーは狩衣に風折烏帽子姿。気持ちは王朝の貴公子か。和歌を詠むなら先ず格好からということだろう、今のコスプレである。

なんの世界でも師弟関係はある。それは縦の関係、つまり上下関係だが、仲間が増えてくるとやがて横の関係というのが生じてくる。その集まりが「円居」である。文字通り丸く輪になって座ること、車座、サークルだ。それが絵になると、歌仙図などという集合図となる。円くなるのは、みな平等というメッセージが込められている。宣長も「円居」という言葉をよく使う。月見の会、書斎鈴屋お披露目の歌会、『古事記伝』終業の祝賀歌会、みな「円居」と呼んでいる。

茶道などでは「一座建立」という言葉が使われることがある。師弟や、時には流派も関係なく、その席に集まった人たちが座を盛り立てていくのである。

たとえば茶道でも歌道でも定期的に集まってお稽古をする。これは厳然たる師弟関係があり縦の関係、つまり日常の連続であるが、茶事、茶会、円居となると非日常、祝祭性といってもよいかもしれない。晴れの着物を着て、亭主と客の関係も時に入れ替わり、流派や好みの壁も低くなる。そこには普段とは別の時間が流れている。

月次会が定例会でメンバーもほぼ固定していて、日常の連続であるのに対し、茶会や円居は臨時の会であることが多い。それだけに自由な空気が横溢していて創造的な会となる可能性を秘めていた。

豊かで、また存分に教養を持った主人たちの社交が日常化するこの松坂の町では、月次会をも円居に変えてしまう力があった。

たとえば嶺松院歌会は本来は月次会ではあるが、特定の指導者も持たず、回り番で当番が決められ開催されていた。サロンとして祝祭性もあった。遍照寺歌会はさらにサロン的な要素が濃かった。名古屋の門人で鈴木朖《あきら》という人も、この歌会に参加したことがあるが、その時の文章に、この遍照寺には町の人が管弦など様々な目的で集うと紹介している。

そこに宣長が参加したことで、例えば『源氏物語』など古典講釈の会が生まれた。だが、もともと持っていた円居的な自由な空気は消えてしまうことはない。それは勅撰集『二十一代集』を読み合わせする会（会読）、月見や花見といったエクスカーション（遠足）、また吉野・飛鳥探索旅行でも充分に発揮されるのである。

サークルからゼミナールへ

「円居」がさらにレベルアップすると、「会読《かいどく》」に近くなる。「会読」とはゼミナールのようなものだ。つまりサークルからゼミナールへと進化していくのである。

最近、近世の「会読」についての書物が出て、その学習形態の持つ先進性が話題になっているが、身分の隔てなく、時には立場を変えて議論し、白熱してもその場限りのことで後は争わないというゲーム的な要素を持つ勉強会として各所で開かれ、多くの成果を生み出した。

ゲーム的な要素は持ってはいるが、なんといっても学習方法の一つで、趣味教養の会とは同列には扱えない。宣長も「会読」を行ったと「日記」に書いている。またそのレベルは、参加者のノートを見てもかなり高かったことが分かる。出来の悪い書生たちの会読の比ではない。それでも「円居」と似ているのは、目的が「教養」であったためである。

古典を学び、感性を養う。そのような生活の中で、品性もまた磨かれていくのであろう。

宣長の「会読」失敗談

「会読」の成否は、いくら指導者が頑張ってもだめで、参加者の均質性と情熱に左右されるものである。宣長にも、『万葉集』会読を途中で講釈に変更するという苦い経験があった。その失敗談を聞いてみよう。

会読というのは、講釈とはやり方が異なっていて、参加者それぞれが考えて、その結果を発表して、分からないところを質問して、それを繰り返すことで、お互いに論じながら結論に向かっていく学習方法で、方法としては優れている。ところが実際に行っているのを見ると、最初のうちは問題となるところを繰り返し議論をするなど頑張るが、回を重ねると、だんだん怠け心が出てきて、一枚でも頁を稼ごうとして問題にしなければならない箇所も、ほとんど無視して、一人で読んでいるのと変わらなく、これでは集まる意味がない。初心者は、分からないことばかりなのだから、全部聞くのも悪いと遠慮して先に進むことになるから、やはりそのようなメンバーがいるときは、講釈の方がよい。

『玉勝間』「講釈、会読、聞書」

「会読」とは、学問における「円居」のようなものである。上手くいけば成果も上がるし、創造的な会となる。だがこのように失敗することもある。

さて、わざわざ宣長の「会読」談義を紹介したのは、教えることへの情熱、試行錯誤を見ていただきたかったからである。宣長という人は、「考えて倦むことがない」、また「教えて倦むことがない」人だと思う。大切だと思うことに対しては、惜しみなく時間も知恵も傾けるのである。

教えて倦むことがない

見て気になったら添削する。訂正する。そんな宣長だから、質問や依頼があれば、出来る限りていねいに回答を書く。時には、本人に無断で添削もする。私の作品を勝手に添削したとある才媛から恨まれたこともある。荒木田経雅宛の書簡にもあったように、返事をした後でも、「あれで納得できたか」と尋ねる。

宣長のところは正式な塾ではないから、質疑や添削も、余程のことがない限り誰にでも門戸は開かれていた。

仕事の依頼があると、『諸国文通贈答并認物扣』というノートにまず記帳される。たとえば寛政八年（宣長六十七歳）正月八日に確認した未処理分には、「名古屋類、詠草色々、板下、ケイサンノ事」とか、「宇治類、経雅、状返事、詠草五包」などとある。本当に処理が出来たのだろうかと他人事ながら心配になってくる。だが出来たのである。すると依頼はまた増加する。

頼む方からすれば、それは手紙一通書けば、時間はかかるが返事がもらえるのだから、こんなうまい話はない。さすがに時間や手間のかかる依頼は、紹介者を立てるが、そのことで逆に量は増えていく。

だが、時間は有限である。傍で見ていた大平、たぶん秘書役を任されていたのだろう、寛政十一年、つまり宣長が亡くなる二年前に、門人への通達を出し、詠草添削や講釈参加は入門者に限ると書いた。大変忙しい師のために少し整理しようと門人規則などを整備したのであろう。入門規則も細かく定めた。

ただ、果たしてどこまで実効性があったかは分からない。

上手く使い回しをする

質問はともかくも、時間と手間を要するのが歌の添削である。先の記述にもあったように、「詠草色々」、「詠草五包」といった具合に門人や知人から届く。中には、誰の物ともしれぬ詠草も一緒に送られたときには、さすがに文句を言っているが、添削や回答に対して全く疲れを知らぬというか倦むことのないのが宣長である。ここでも工夫をする。

神宮参拝のために全国から伊勢に集まる人が、「伊勢国に行ったなら、松坂の町の医者をやっている本居先生にこれを届けておくれ」と託された書簡や質問状、それが「参宮幸便」だが、参宮客が増える季節になると、どっさり届くのであろう、甲斐の門人・辻守瓶に宛てた書簡に、

此節諸方参宮人之幸便文通返事共さしつとひ、殊外取込

（この時期になると全国からやってくる参宮客が届けてくれる手紙やらまた返事をしなければならないものがどっさり来て、本当に忙しい）

と書かれている。この中には、添削もある。いったい一日何通の書簡を処理するのか分からないが、歌などはものすごいスピードで添削していく。水準を維持しながら処理能力をアップさせるために宣長が上手に使ったのが型を決める、特に詠草の添削では「使い回し」も行なうというやり方である。

たとえば宣長が歌の添削で重視するのは。語法や仮名遣いである。これは普段の歌会でも同じだが、間違うところは類似性がある。また、何回直してやっても皆、存外同じ過ちを繰り返すものだ。

そんな門人たちの乱れた語法を直そうと書いたのが『玉あられ』である。

冬、背を丸めて道を歩いていると、パラパラと霰《あられ》が顔に当たり、初めて空を見上げるように、やさしく語法の間違いを教えるという本である。誤りの実例を集めて、解説を付けて本にまとめている。

さて、実際に宣長が添削したものを眺めていくと、『玉あられ』と同じ文章で指導がなされていることに気がつく。『玉あられ』と添削のどちらが先かは調べないと分からないが、この本は模範回答集なのである。確かに効率の良い指導法である。といって、誤りが減らないのは頭痛の種であるが。

真剣に読めばそう簡単に忘れるものではない

専門家を養成するわけではないといっても妥協はせず、より高きを目指すのが宣長だ。手抜きはしない。またさせない。

真剣にすれば必ず成果は上がるはずだと確信している宣長も、成果どころか同じ過ちを繰り返す門人を見て業を煮やし、苦言を呈している。

『玉あられ』を書き、歌や文章の語法の誤りやすいところをていねいに解説しておいたのに、一向に誤りが減らないのはどういうわけだ。門人を名乗っていながら、誤りを繰り返すのは、すぐに忘れてしまうからではないか。読んでも心にしみ通らず、いい加減に聞いているからではないか。本当に大切だと思ったことは、そんなに簡単には忘れられるものではない。これは『玉あられ』に限った話ではない。どんな本でも同じだ。

『玉勝間』

宣長はあきらめることを知らない人である。間違いやすいところに気づいたら、本にまとめて出版する。それでも効果がなかったら叱る。そこまでは誰も思いつくが、それをわざわざ随筆集の中で書いて出版し、より多くの人に、いい加減な気持ちで本を読んではいけないと警鐘を鳴らすのである。

宣長の日記

宣長の日記は七十二年間分残っているとはいっても、『在京日記』を除くとその記載はきわめて簡略で、天気しか書いてない日も多い。どんな毎日を送っていたのかと期待しながら開くと拍子抜けするだろう。魚料理にたとえるなら、骨だけ皿の上に載っているようなものだ。もちろん、その中には賀茂真淵先生と出会ったことなど、重要な人生の転機は記録されている。また怪異星を見たり、地域行事ではあるが山の神の当番になったときのことなど、ハプニングや突発的な出来事はここに書かれるが、来訪者や到来物、冠婚葬祭など日常の出来事など、後から必要となるものについては、それぞれ別の帳面に記載される。一日の出来事を分類して、データ化するのだ。

たとえば来訪者があったとする。まず『来訪諸子姓名住国并聞名諸子』に訪問日と住所氏名を記す。中には有職故実に詳しいとか天台宗の僧侶、書画を集めて歩くなどのメモを書くときもある。その人が土産を持ってきてくれたら、『音信《いんしん》到来帳』に書く。頼まれ事があったら『雅用録』に記帳する。お金をもらったら『金銀入帳』だ。今みたいに郵便があるわけではない、というか住所も番地などない時代だから、確実な連絡先が必要なら『文通諸子居住処并転達所姓名所書』に記す。アドレス帳である。

その人が面白い話、たとえば天竜川上流の信濃国川村や和田の湯立て神事の歌や讃岐の国の夜ばいの印などは、忘れず『本居宣長随筆』に記載する。

帳面の名前や記載の仕方は時期によって異なるが、一人来たら最大で六つに書くことになる。

すると、依頼されている仕事なら『雅用録』というノートを開けば、処理、未処理が一目瞭然であるし、これは来訪者とは直接関係ないが、「法事録」の、たとえば天明六年を見れば、二月二十七日は伯父で芝の増上寺にいた審誉上人の二十三回目、六月六日は京都の武川幸順先生が亡くなって七回目の命日だ。十月四日には小津次郎左衛門家の手代・彦兵衛の家内おいろさんの一周忌だが、これはお参りする必要があるなと計画が立つ。

書くという一手間掛けるだけで、考えたり悩むよりも余程効率はよい。

抜群の事務処理能力

宣長の仕事量を支えたのは、分類記載された『諸国文通贈答并認物扣』や『雅用録』のような記録類と、もう一つが、ショートメールの上手な活用である。メールといっても、携帯やスマホのない時代だから、今の一筆箋のようなものであるが。

『山陵志』を書いた蒲生君平が宣長のところを訪ねてきた。宿がないと言うので、宣長はさっそく筆を執り、松坂滞在中の植松有信宛に紹介状を書く。

この蒲生氏は下野国（栃木県）の人で天皇陵を研究している。去年も来た。泊まる場所がないので君の部屋に一緒に泊めてやってほしい。主人にも宜しく伝えてください

門人三井高蔭には、「借りた『本朝皇胤紹運録』の書写が終わったので返上します」。坂倉茂樹宛には、「後から返事を書く」。養子に行った弟だろう与三兵衛には、「夕飯は鯨汁だから食べに来たらどうだ」と誘う。

服部中庸からの文箱はどうしたことか空だったので、それを冷やかす歌を書く。細かい配慮も忘れない。滞在中の小篠敏を訪ねて娘が松坂にやって来た。小篠の泊まる永代屋の部屋が狭いことを気遣った宣長は、見苦しいところだが家に泊まりなさい。妻もそう申しておると勧める。

ちょっと来てくださいとか、この本を持っていたら貸してくださいなどと、何かあったら、すぐ紙片にさらさらと書いて使いに届けさせる。

このような寸簡はあまりにも短く、署名なども簡略なので保存されることもなく、

今あるものは何かの間に偶然挟まって残ったものであろう。だから、実際に書かれた量は、かなり多かったはずだ。

このように宣長は、じっくり考えて判断するようなことでもなく、また伝言では間違いがあるといけない時は、躊躇《ちゅうちょ》することなく即行動。まめというより、自然に手が動くのである。

毎日一通は書簡を書く

寛政年間に宣長が書いた書簡は、確認されているだけで約九百通。未紹介や消滅したものもあるだろう、それがどれくらいあるか、仮に五分の一残っていると仮定すると、四千五百通近い書簡を十三年間で出した計算になる。

この章の最初に書いたように、六十代の宣長は著作執筆、刊行、講釈、歌会、旅行、冠婚葬祭と席を温めるどころか、寝る間も惜しんでの活動が続く、その中で一日に一通は書く。内容は、時候の挨拶こそあるが、あとは学問上の情報交換や、出版に関する指示、人の紹介などで、無駄話はほとんどない。細かい指示は寸簡で、大切なことは書簡でと上手く使い分けをしながら、情報の交通整理をてきぱきと行っていく。書簡の長さも、宛先や用件によって異なるが、以前ほど長くはないが、一千文字はある。

また、たとえば大きな雹《ひょう》が降った時の報告や、序文に載せる花押の大きさなどは図で示し、旅の駕籠の調達を依頼する際にはラフスケッチも載せる。名古屋滞在中に大火事があった。その時は名古屋の略図を書き、火元と被災地を示し、板木職人の植松有信宅、門人鈴木真実宅はちょうどそのその線の際で、危なかったが無事だったと知らせる。

まめに、だが時間はかけずに次々と処理をする。宣長の硯は乾くことがない。

本と末

次々と仕事をこなし、また研究する宣長には心がけていることがある。本と末をきちんと分けることだ。「本末《もとすえ》の歌」という長歌はそのことを教えるための作品で、原稿用紙三枚にも及ぶ長歌である。これを所望されたら書き与えている。面白いことに下敷きまで用意してある。

たとえば『雅用録』を見てみると、寛政元年二月二十七日、鈴鹿白子の一見元常、本末歌、横物、同日遠江国の鈴木書緒・高林方朗、本末歌、シケ紙。三月六日、松坂の村上有行誂え、歌四枚、うち一枚本末歌などとあり、多い日には一日に何枚も依頼されていた。

一枚三十分では到底書けないものを、断ることなく、たくさん書いているのである。なぜ忙しいと断らなかったのか。それだけ「本末」が大事だと考えていたからである。「本末の歌」を広めることは、宣長にとっては「本」であったのに違いない。

後世の目で見れば

もう一つ大事なことは、視点を変えることである。あるいは視点が変わることを知ることである。

「先生、このミカンはおいしいですな」

「確かに、本場のものはおいしい。『古事記』の頃は橘の実が一番だったそうだが、とても比べものにならんね」

寛政六（一七九四）年冬、和歌山滞在中の宣長のもとにミカンの差し入れがあった。食べながら宣長の頭はミカンがなかった頃の果物を思いだしていた。橘しかなかった時代は、大半の人は特に不足も感じなかっただろう。でも、少数かもしれないが満足できない人がいたから、より美味しいものが生まれたのである。

自分の立つ場所から、昔を、あるいは未来を考えることは、なかなか難しい。

滞在中、有田に近い須佐神社に招かれた時に、道中でミカン山を歌に詠んでいる。

はしけやし　有田の山は　冬枯に　青葉しげりて　こがね花さく　宣長

冬空の下、たわわに実った黄色い実は、旅行く宣長の心をずいぶん慰めたであろう。だがこの景色も昔とは違うはずである。

ミカンと橘の比較は、『古事記伝』に詳しく書かれるが、そこから時代の変遷まで考えるのが宣長の思考の柔軟さである。

体験をもとに考え、判断する。そこに場所と時間（この場合は特に変遷）という座標軸を加える。これが宣長のスタンスである。

「私は神代を基準にして現在を考える」という宣長だが、それは古代を絶対視する思想ではない。そのような硬直化した見方とは無縁なのである。

「古よりも、後世の勝れること、万の物にも、事にも多し」(今の時代の方が便利なことが多いね・『玉勝間』「古より後世のまされる事」)とさらりと言い、豊かな今の世も、後の人からは、きっと不便な時代に見えるはずだと付け加える。

この宣長の発言も、今の私たちならごく当たり前だが、果たして当時の人たちは何人が理解できただろうか。

時代が移り変わることは、歴史を学べば誰でも分かる。しかしそこに発展とか、人の心の変化、つまり進歩や進化まで思い描くことは、なかなか容易ではなかった。「復古」ということをそのままに信じている人がいた時代である。

学問もまた同じである。研究とは日々更新されていくものであるという厳しい見方については、既に話した通りである。

何度も言うようだが、宣長は経験に学ぶ。あるいは自分が感じたことを大切にする。そのことで獲得される柔軟なバランス感覚は、時代の流れを考えるときにも発揮されるのである。

思い出すという手法　自分の生涯を編集する

さて、宣長の自己申告に改ざんはないが、編集はある。

宣長という人は悲しくなると無言になる。本当に悲しいときの記録や感情の表出が無い。あってもほんの一言だ。辛かったであろうこと、たとえば江戸から帰郷した十七歳の晩春の日のこと、最初の妻との別れ、賀茂真淵先生や母の死など。あるいは京都の日常でも『在京日記』に書かれたような楽しいことばかりではなかったはずだが、その時の気持ちを窺うことは出来ない。

実は悲しみだけではない、感極まると口をつぐんでしまう。感情を表に出さない人なのである。たとえば誕生についても、場所と時間という座標しか記されていないことに、思いを致さないといけない。それだけしか書かれていないことに、感慨、感動の深さを知らないといけない。

逆に、前向きというか、以後の宣長の行動の糧となることは、幾たびも回想される。

たとえば、子供を願った父が、吉野水分神社に祈願した話は、『日記』表紙裏、『本居氏系図』、『菅笠日記』、『家のむかし物語』、また関連記事としては『玉勝間』にも回想されているのだが、重要なことは、事実は一回であっても、回想するときの価値観で、詳しくなっていくのである。賀茂真淵との対面もまた同じである。

宣長の生涯を決定づけた二冊の本といえば、『百人一首改観抄』と真淵の『冠辞考』である。二つとも、勧める人がいて借りて読んだことは回想にあるのだが、誰が見せてくれたのかは書かれていない。研究者にしてみたら、ここが一番知りたいところでもあるのだが、宣長は個人的なことで必要ないと考えたのだろう。契沖と自分、真淵と自分の関係だけで充分という判断が下されたのだ。

たくさんの史料が残され、整然と整理されていて矛盾のない人生だが、しかしそこには本人の編集精神が働いているのである。決して偶然残ったものではない。

楽しい思い出

ここで宣長の手法の中でも大切な「思い出すこと」について触れておきたい。

宣長という人は、辛い思い出は書かず、逆に生涯の節目となったことは幾たびも回想していること、六十一歳自画自賛像を描いた頃から宣長が「日本人の安心」という問題を考えていた事は先に記した。

「安心」、簡単に言えば、外来宗教が入る以前のこの国の人たちは、死の恐怖にどのように立ち向かっていたかと言う問題である。

たとえばこの問題について質問されたときには、「小手前《おてまえ》の安心と申すは無きこと」、つまり個人が救済されるようなそんな都合のよい安心はない。救済などないが、君だけが死ぬのじゃない、みんな死ぬのだ。だから死は悲しいのだと答えている。これが宣長四十代後半の頃である。

この問題はそれ以後も考え続けられ、六十一歳自画自賛像から七十一歳の『遺言書』に至る一連の行動になる。たとえば画家でもないのに本格的な自画像を描くとか、墓やら棺桶の指示をし、ずいぶん花のよろしき山桜を植えろなどと考えてみれば不思議な一連の行為は、おだやかな終焉のためではなく、より良き生のためにこそ積極的に向き合わねばならない課題だったのである。今流行の「終活」も斯くあるべきであろう。そして、やがて訪れる死を自分がどのように迎えるかで、「日本人の安心」問題に一つの筋道を付けようとしたのである。

それが、「思い出す」、あるいは「思う」という行為である。死者は思い出すことは出来ないが、生者は死者を思い出すことが出来る。たとえば、祀ることで何が起こるか。魂は甦るのである。あるいは、祈り、畏れ、感謝するということでも同じである。全てを含めた「思い出す」とか「思う」という行為の中にこそ日本人の魂はあると宣長は考えていたのだ。

思い出してもらうことで、死者は救われると考えてみたが、宣長は宗教家ではないから、発言は注釈ならそれを逸脱しないように、あるいは質問に答えるという形で、あるいはどこまでも自己の問題として表明されたのである。

さて、「思い出す」という行為だが、世話になった人を思い出すというのは「恩頼」、つまり「お蔭」への感謝であるが、自分の体験を思い出すのは、スタート地点や立ち位置を確認することで、これからの行動の活力にするのである。

『源氏物語』と『古事記』

六十代の宣長の多忙ぶりは尋常ではない。

だが六十代も後半になると、残された時間との勝負である。たとえば浜田藩主松平康定侯からの依頼で書き始めた『源氏物語玉の小櫛』も巻六まででいったん中断すると宣言している。宣長の言葉を聞こう。

我が身七十ちかくなりて、いとど今日明日をもしらぬ、齢の末に、むねと物する、古事記の注釈などはた、いまだえ物し終へざる上に、何やくれやと、難しくまぎるゝことどもはた、いと多くて

七十に近くなって余命幾ばくもない中で、これだけはと思っている『古事記伝』すらまだ完成していない。その上、なんだかんだとやっかいなことも入ってくる。

これは決して愚痴ではない。自分に言い聞かせているのだ。愛読書『源氏物語』、

その研究成果、四十年間に及ぶ松坂での講釈の集大成である『源氏物語玉の小櫛』も書きたくて仕方がないのだが、その誘惑に負けてはいけない。私には『古事記伝』執筆という大切な使命があるというのだ。

しかし一旦はそう思ってみたものの、結局、誘惑には打ち勝てず、『源氏物語玉の小櫛』は書き続けられて全九巻が完成することになるのだが、それはともかく、『古事記伝』執筆も、大変な集中力で遂行されていった。

たとえば、前年の巻四十一の執筆状況を見てみよう。

宣長六十八歳の正月には長女飛驒が四日市に嫁いだ。そのために年始開講も二か月遅れで三月七日にずれ込んだ。

著作では、高天原の場所についての論争書『天祖都城弁々』、有名な随筆『玉勝間』、『古今集』『新古今集』の口語訳に続く勅撰集の注釈『美濃の家づと折添』、そして『源氏物語玉の小櫛』の刊行に伴う校正や版下執筆が同時進行している。桜が咲いたら花見にも行かねばならぬ。人はいかなる時も風雅な心を養うことが大切だ。

そんな中で、『古事記伝』巻四十一は書かれた。起稿は前年十二月、四月一日に最終稿本が脱稿した。起筆からわずか三か月余。十二月まではまだ草稿本すら出来ていなかったのに百日ほどで、最高水準の研究書が一冊出来たのである。

宣長の頭の中では、五十歳の頃までには、最終巻である四十四巻まで、ほぼ原稿は出来ていたのだろう。本文の読み方や、論証方法や、引用文まで全部整っていたはずだ。ただそれを紙に書くには時間がかかる。それが宣長の「執筆」なのである。ゼロから、はて何を書こうかというのではない。時間が与えられたらいつでも書ける待機状態にある。

だがこのように超多忙の中で、わずか百日で書いていても、そのていねいな筆跡からは、草稿から一気に書き上げたという切迫感は微塵も窺えない。

『古事記伝』全巻終業

宣長が『古事記伝』最終巻、巻四十四を書き終えたのは寛政十年六月十三日、今の暦では一七九八年七月二十六日、暑い夏の盛りであった。したたり落ちる汗を拭いながらの全巻終業であった。この年、宣長六十九歳。京都で『古事記』を買ってから四十二年、「松坂の一夜」で真淵と会い、この本の解読を志してからでも、既に三十五年の歳月が過ぎていた。

筆を擱《お》いた宣長の胸中を過ぎるのは、賀茂真淵、谷川士清、荒木田尚賢、田中道麿たち完成を見ずに逝った懐かしい人々の面影であったろう。

感極まり言葉をなくしたのか、その翌日の長女に宛てた手紙には、完成のことは一切書かれていない。今は四日市に嫁ぐ娘も、幼い頃から父の精勤を目の当たりにしてきたはずである。報告を受けたら、喜びもまた一入《ひとしお》だったであろうに。

宣長の口から出た喜び、安堵の言葉の最初は記録に残る限り、四日後の荒木田久老宛の手紙である。


私古事記伝も、当月十三日全部四十四巻卒業、草稿本書き立て申候明和四年より書はじめ、三十二年にして終て申し候。命の程を危く存候処、皇神の御めぐみにかゝり、先存命仕り候て、生涯の願望成就仕り、大悦の至りに存じ候儀に御座候。

慮外ながら御歓び下さるべく候。


久老は、事あるごとに師真淵の説を批判する宣長の態度に不快感を示していた。しかし、生き方や方法は違っても二人は真淵の志の継承者であることに変わりはない。『古事記伝』の完成は、賀茂真淵先生の夢の実現であったことを、久老なら分かってくれると宣長は信じていた。

全巻終業から三か月、九月十三夜には門人を招いて月を見ながら祝賀の歌会を開いた。

古事《ふるごと》の　記《ふみ》をらよめば　いにしへの　てぶりことゝひ　きゝみるごとし

『古事記』を読めば、古の世の有様、人の心までもがよく分かるという、簡明で素直な歌である。

また、直後に書かれた『うひ山ぶみ』ではこのように言っている。

己れ壮年より、数十年の間、心力を尽くして、此記の伝四十四巻をあらはして、いにしへ学びのしるべとせり

「心力を尽くした」、まことに実感の籠もった言葉である。

宣長の仕事は終わった。だが、『古事記』の研究はまだ緒に就いたばかりである。

『古事記伝』全四十四巻を開くと、

名義は未だ思ひ得ず

という言葉があちこちに出てくることに気が付く。「わからない」と言う意味だ。決して全部が解決したから書いたのではない。分からないことが判ったのだ。入り口に立ったのだ。

宣長は、学問の未来、そして人間の未来も信じている。次の人がこの謎を解き、私の『古事記伝』を超えていってくれるはずだと信じている。

終わりは、次の始まりなのだ。

倦まずたゆまず

詮ずるところ学問は、ただ年月長く倦ずおこたらずして、はげみつとむるぞ肝要にて、学びやうは、いかやうにてもよかるべく、さのみかゝはるまじきこと也、いかほど学びかたよくても、怠りてつとめざれば、功はなし

学問は継続であって、方法はどうでもよい。たとえ方法がよくても怠けていては成果は上がらない。『うひ山ぶみ』の一節である。この宣長の言葉は至極まっとうなことで、なんのひねりもないが、『古事記伝』完成という大事業を成し遂げた人の言だけに千鈞の重みがある。

「入門」は第一歩を踏み出すことであるが、この本は、普通、私たちが入門書という言葉から想像するような、ハウツー物でもなければ成功への近道を教える本でもない。書いてくださいと頼んだ門人は、何か秘伝とか秘策を期待したのかもしれないが、宣長は、そんなものないよと実にあっさりしている。

またこの本の中で、学問でまず大事なことは、志を立てることだともいう。本書の最初でも書いたが、「志」は軽い言葉ではない。身命を賭して果たすものである。書名は、新米の山伏が初めて修行のために山に入ることで、つまり学問の山に初めて踏み入るという意味を込めているが、新米の山伏が少しでも気を抜くと大事に至るように、学問もまた常に緊張を強いられるものである。「数十年の間、心力を尽くし」たという宣長には、学問に楽な道などないことがよく分かっていた。といって学問が苦行だというのではない。志を立てて、それに向かって着実に歩む。そこに歓びがあるのだ。

さて、『うひ山ぶみ』は次の歌で閉じられる。

いかならむ　うひ山ぶみの　あさごろも　浅きすそ野の　しるべばかりも

初心者のためにごく基本的なことを述べてみたのだが、このようなことをして本当によかったのだろうか、という自問自答である。

宣長には方法への懐疑がある。また、学問は自分で考え、また思い、また考え進めるものであり、たとえ「キホンのキ」だと思っても、人がとやかく言うものでも、また教えられるものではないという、確信がある。これは自らの経験に基づくものだ。

ここには常に自分の行為を振り返り、問い直す宣長がいる。常に前進する宣長がいる。

失明した春庭の負担を軽減する

寛政十（一七九八）年六月、生涯の大願である『古事記伝』が完成、引き続いて本居家の歴史『家のむかし物語』をまとめ、『うひ山ぶみ』を執筆し、研究にも普及活動にも日常にも聊かの停滞も弛みもなかった。

宣長は既に、達意の域に入っていた。

晩年の宣長には、解決しなければならないいくつかの問題があった。

一つは後継問題である。

春庭がいとこの村田壱岐と結婚したのは寛政九年の年の暮れであった。翌年六月『古事記伝』終業。その半年後、寛政十一年正月には、宣長は門人稲懸大平を、失明した春庭に代えて家を相続させるべく、その手続きのために和歌山に出府する。盲目の春庭はこれでやっと重圧から解放され、自分の人生を歩むことが出来るようになった。

和歌山からの帰途には吉野水分神社に参拝をして、帰京後には松坂で七十賀会が開かれた。

七十一歳の正月、宣長は自分の文机を養子の大平に譲った。京都で誂えてから四十年以上使い続けた机である。そこに歌を添えた。

年をへて　此のふづくゑに　よるひると　我がせしがごと　なれもつとめよ

大平は松坂の豆腐屋の倅。宣長の友達だった父に連れられ、十三の年から先生の下で学んできた。先生の学問がどんな緊張感に満ちたものであるのか、真剣なものであるのか、他の誰よりも分かっていた。もう一度、宣長の自筆稿本の文字を見ていただきたい。書き損じがない。書き漏らしがない。筆跡も変わらない。これが宣長の学問である。心力を尽くすとはこういうことを言うのだ。

机を渡され、明日から君の番だよ、と言われたとき、まじめな大平は、凍り付くような恐ろしさを感じたであろう。

学問いよいよ達意の域に入る

二つめは、先師・賀茂真淵との約束でもある「宣命」研究である。天皇のお言葉である「詔《みことのり》」の中でも、日本語で書かれたものを宣命という。『続日本紀』には、東大寺大仏を拝した時の聖武天皇の詔など、「日本国」の出発点となる重要な内容のものばかりであり、しかもそこには、昔の言葉が残っている。

言葉は心であり、事柄である。人は言葉で人を知り、物を認識する。古代の言葉を知ることは、古代を知ることであった。だから『古事記』とともに、「大祓詞」や「出雲国造神寿」といった「祝詞」や、また『出雲国風土記』に載る「国引き」などに、重大な関心を寄せて、注釈を付けてきた。最後の仕上げが、「宣命」研究である。この本は、宣長がこの注釈をなすことは賀茂真淵との約束を果たすことでもあった。

寛政十一年六月、『続紀歴朝詔詞解』に執筆に着手した。

本居宣長全集を編纂した大野晋は、『万葉集』や『日本書紀』の注釈にも関った昭和から平成を代表する国語学者であるが、「詔詞解」の執筆過程について、

この作業が流れるように進捗していることに、ある美しさを感じるであろう

と感嘆の言葉を発している。

宣長の膨大な作業を支えたのは「リズム」である。思索も執筆もリズミカルに進行する。

息子春庭の失明や、頼りにしていた門人・横井千秋の病気など、順風ばかりではないが、そんな難問も的確に処理されていく。

歓びも多い。紀州徳川家に召し抱えられ御前講釈も回を重ね、また『古事記伝』刊行も着実に進んでいる。娘や息子も結婚して落ち着き、孫も誕生した。その成長も楽しみにする宣長は、偉大な学者の顔とは別の、普通のおじいさんの顔であったろう。

京都を制するものは日本を制す

最晩年の仕事の三つめは、京都での学問の普及である。

天皇と公家の住まう町は、伝統と格式が重んじられて、新しい学問を排除する傾向がある。ましてや宣長の学問は、和歌や『源氏物語』という彼らの金看板を塗り替えるわけであるから、想像以上に反発は強かった。だが京都を制しなければ、ただの田舎の学問である。宣長は、ここでも抜群の手腕を発揮する。

まず事を急がない。ゆっくりと無理なく進める。

六十一歳の時には、新内裏への天皇のご遷幸を拝見するために上京。まず公家とのパイプを作る。

次は本丸に布石を打つ。六十四歳、再び上京し天皇の実兄である妙法院の宮に拝謁し公家に講釈をする。しかし決して無理はしない。急《せ》いては事をし損じる。

六十五歳、紀州徳川家の居城和歌山に初出府したあと、京都にまわり支援してくれる公卿たちに挨拶などをする。

この間には、紀州徳川家への御前講釈の成功や、また石見国浜田城主の松坂来訪など環境も整っていく。

そして七十二歳の京都での二か月に及ぶロングランの講筵。九州や安芸の国、飛驒の国から門人が集まるが、宣長の主目的は京都の人、なかでも妙法院の宮をはじめ、伝統を重んじる貴紳、日野資枝卿、中山大納言家、富小路貞直卿たちとの親交を深め、彼らに新しい古典学、和歌論を知らしめることであった。旅宿で倒れるほどのハードなスケジュールであったが、しっかりとした手ごたえを感じて帰郷した。これが、松坂以外での最後の講釈となった。

今、その講演会場となった四条烏丸の旅宿あとには記念の石柱が建っている。

一番最後の仕事

最後の仕事、それは生涯の最後の行事でもある葬儀と墓地の指示である。

宣長の学問の最終目的は、日本人の心の探究であり、「安心」とはなんなのかを知ることにあった。死への不安を、私たちはどう解決してきたのか。全ての研究、考察はこの一点に集約する。死を見据えること、これは武士道に限ったものではない。実は、良く生きることでもある。

宣長は亡くなる一年二か月前、『遺言書』を書いた。そこには菩提寺樹敬寺だけでなく山桜を植えた奥墓を山室山に造るように指示がなされていた。

これは、個人の好みというよりも、実は、日本人の安心、死生観に対する、宣長の回答だったのである。つまり、家長としての宣長は樹敬寺で一族とともに祀られ、個人としての宣長は山室山に葬られて、そこには、宣長という人を思い出すための装置としての奥墓の桜が用意されているのである。

享和元（一八〇一）年九月十三夜の月見を終えてしばらくして風邪を引いたのか講釈などを中断する。衰弱し床に就きながらも仕事は続行していたが、二十五日、植松有信宛に書簡を執筆、

諸用事向申進候儀も、精神弱り、一向申つゝけがたく候

色々お願いしたいこともあるが、もうだめだ。力が出ない、と報じる。これが最後

の書簡となった。

四日後、日付が二十九日に変わる頃、宣長は七十二歳の生涯を閉じた。心力を使い果たした壮絶な最期である。最期の言葉は、父の危篤に四日市から駆け付けた長女飛騨の顔を見て、

さっぱりと美しうなった

であった。娘の顔を見て安心して眠るように息を引き取った。
葬儀は十月二日、樹敬寺で済ませ、亡骸はその夜に山室山に葬られた。

家の永続の大切さ

宣長は、自分は吉野水分神社（奈良県吉野町）の申し子であるという話を深く信じていた。母は説教するたびに、お前はお父さんがはるばる吉野の神様にお願いをして授かったのだと言い聞かせたのだろう。

宣長は、吉野水分神社について研究しているが、それは『続日本紀』にも出る由緒ある神社というだけでなく、そこに感謝の念があったことを忘れてはならない。六十九歳、『古事記伝』を書き終えた宣長は、『家のむかし物語』をまとめた。長年の調査の集大成だが、筆跡もとても美しい。家の歴史が宣長にとっては自分の座標を知るための重要なものであったことは既に述べたとおりである。

家の歴史や出生にまつわることも、民族の歴史についても、深い感謝の念を持ちながら、知力の限りを尽くし調べてみる、すると自分のポジションが明確になり、役割もまた見えてくる。

この『家のむかし物語』では、自分の半生も回想される。回想もまた、家史とともに、懐古趣味とは逆の、積極的な行動のためのものであること、これも既に記している。

この本を次の世代に託すのである。

宣長は連続することを尊ぶ。家の歴史も続けることが大切である。医者の道を選んだのも家を荒《すさ》ませないためであり、また学問で評価を得て、紀州藩に召し抱えられた時も、先祖に対して顔向け出来ると慶び、『遺言書』の最後は、

親族中随分むつまじく致し、家業出精、家門絶断これ無き様、永く相続のところ
肝要にて候、御先祖父母への孝行、これに過ぎず候

と締められている。家を続けることが最大の孝行です、というのである。

みたまのふゆ

『恩頼図』という壮大な宣長アトラスがある。「恩頼」とは、『日本書紀』では「みたまのふゆ」という振り仮名が付く。神や天皇のおかげという意味だ。「おかげ参り」、あるいは「おかげさまで」の「おかげ」である。

この図は、門人殿村安守の依頼で本居大平が作製した。

図は三段構造になっている。ひょうたんの上で毛が逆立っている形だ。

つまり真ん中に円があり、上は幾筋もの線、下は半円で底部が開いている。幾筋もの流れが大きな池となり、そこからまた新しい流れが生まれてくるというイメージで

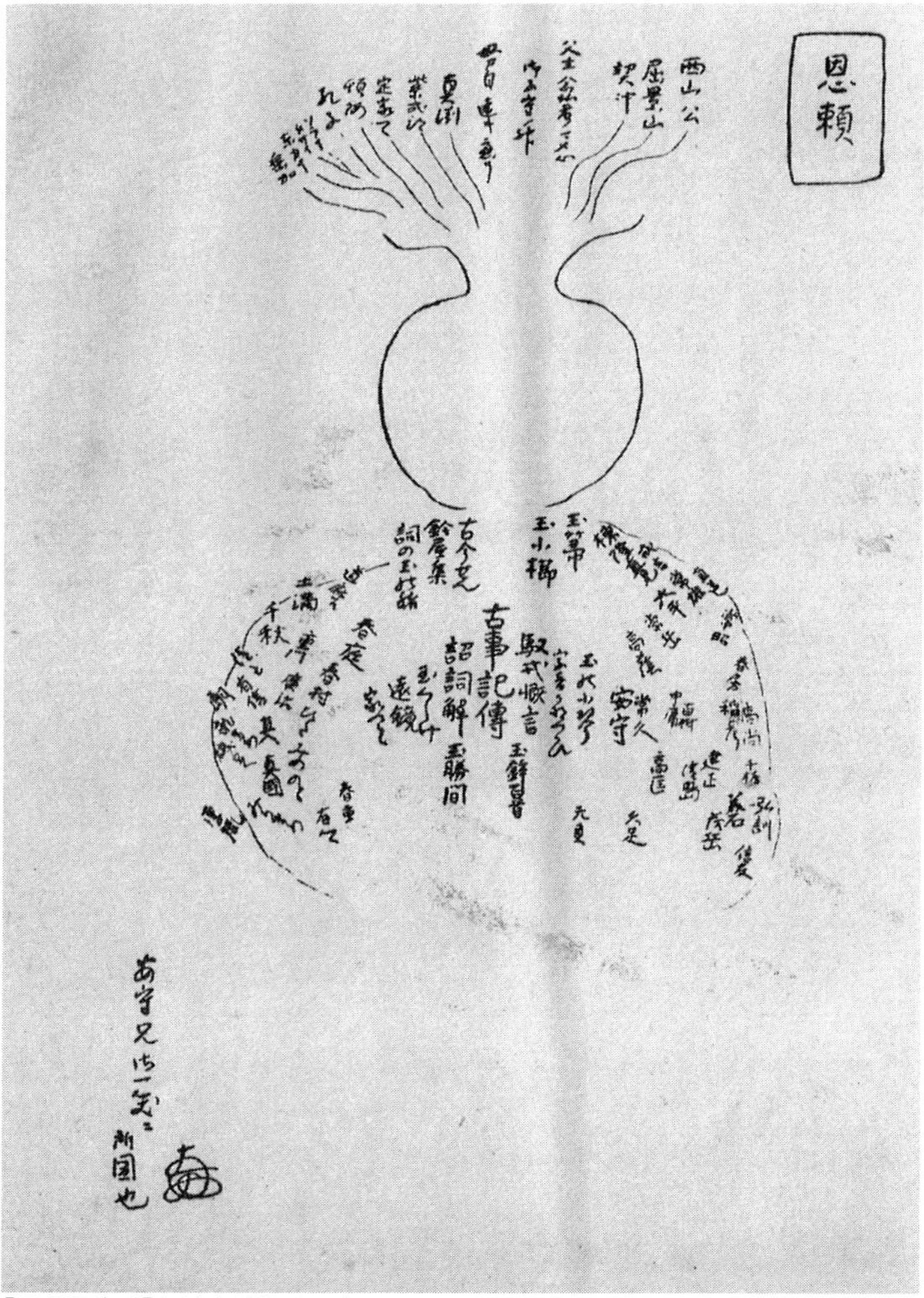

「恩頼図」（『金鈴余響』より）

あろう。

中央の円は宣長である。

宣長はいったい誰のお蔭であのような偉い人になられたのか、それが上の幾筋もの線である。

先ず中央が「御子守の神」、命を授けてくれた吉野水分神社。その両側には、「父主念仏のまめ心」、「母刀自遠き慮り」、父の敬虔な浄土宗信者としての実直さと、母の子の将来を見据えた思慮の深さが宣長という子を産み育んだのである。しかしまだ未完成だ。右側には、水戸藩主で『大日本史』編纂を企て、契沖を重用した西山公（徳川光圀）、契沖の本を宣長に教えてくれた儒学の師・屈（堀）景山、そして契沖の名前が記される。

左側には、賀茂真淵、『源氏物語』の作者・紫式部、歌人・藤原定家、頓阿は中世の歌人で宣長が歌の手本として推薦した『草庵集』の作者である。そして孔子。儒教は批判するが孔子は別である。歌（『詩経』）や歴史（『春秋』）を尊重した孔子に、宣長は強い共感（シンパシー）を感じていたのである。

左端には小さな字で、ソライ、タサイ、東カイ、垂加《すいか》とある。これは荻生徂徠、儒学者の太宰春台、儒学者で古義堂の伊藤東涯、山崎闇斎《あんさい》学派である垂加神道で、この四人は、宣長が批判した人たちである。だが攻撃することで自らを鍛えていったのであるから、敵のおかげだ。

この人たちのおかげで、中央の円、即ち宣長が生まれた。下には『古事記伝』を中央に据えて、『馭戎慨言』や『続紀歴朝詔詞解』、『鈴屋集』、『玉鉾百首』、『玉勝間』などの諸著作、向かって左側には春庭ら子供たちの名前。子どもは親のおかげで生まれてきたわけだから当然だが、その外側や、向かって右側には門人たちの名前が記される。一人だけ枠外に出されている人は、平田篤胤である。気の毒だが、いかにも大平らしい真面目な篤胤評価である。

もちろんこれらは、最も大事なもので、名の挙がらなかった重要な方も多い。『古事記伝』には、

「天つ神・国つ神、又　二御代の天皇尊【天武・元明】又稗田の老翁、太の朝臣の恩頼を莫忘《なわすれ》そね」

とあり、神々や天武天皇、元明天皇、稗田阿礼、太安万侶のおかげを決して忘れてはならないという。

日本人にとって生きるとは何か。その問題に、宣長は古典研究を通して「恩頼」という視座を示したのである。

ふだん私たちは、「あの人のおかげだ」と感謝したり、逆に「誰のおかげで今のお前があると思うのだ」などと怒ったりする。この「恩頼図」は、全ての人が心の中に持っているものなのである。

神、両親、先生、先人、時にはライバル、そのお蔭で私たちは生きている。そして自分という存在が、次の人たちに影響を与えていくのである。立派な人と感謝される人もいるだろう。時には反面教師と烙印を押される人もいる。その全てがお蔭なのである。

私たちの生は、このおかげの無限連鎖の中に存在するのである。絶対神や経典といった権威が存在しないわが国では、人々が「おかげ」を感じながら暮らしているのだ。クリスマスを祝い、除夜の鐘に過ぎた一年を思い起こし、初詣をする。外国人からは不思議に思われる日本人だが、この「恩頼」という視座に立つとき、素直に得心できるはずである。

おかげの無限連鎖

この図を作製した大平は、十三歳の頃から宣長のもとで学び、師とも父とも仰いできた。後年、大平は、

私は師を慕う思いの強さで養子に選ばれたのであり、自分に才能があったからではありません

と語っている。本居学の総師になった大平には、千人もの門人がいた。藩侯の覚えもめでたいのに、何か質問されると、

宣長先生はこのようにおっしゃっていた

と師説を紹介し、決して自説を述べなかったという。大平の後を継いだ本居内遠は、この話を紹介して、「これはなかなか出来ることではない。気高いことである」と最大級の賛辞を献げている。そんな大平である。この図も宣長が自分に語り聞かせてくれたことを思い出しながらまとめたのであろう。

皆さんもぜひ自分の「恩頼図」を作成してみることをお勧めする。すると自分の位置がよく分かるはずだ。

その時、『源氏物語』や『古事記』を読む人、あるいは日本の国や文化に関心や誇りを持っている人なら、上段に「本居宣長」の名前が出てくるだろう。よもや上段左隅に宣長の名前が挙がるということはないと信じたい。

この「おかげ」は、さらに大きな広がりを持つ。

伊勢の神宮会館では、箸袋に食事作法として、まず食前には、静座し一拝一拍手の後に、

たなつもの　百《もも》の木草も　天照す　日の大神の　恵みえてこそ

という歌を詠み、いただきます。食事が終わったら、端座し一拝一拍手して、

朝宵に　物くふごとに　豊受の　神の恵みを　思へ世の人

を詠み、ごちそうさまをすることが指示されている。

この二首は、本居宣長の『玉鉾百首』に載る歌である。

宣長は、食事のたびに、天照大御神（内宮）のおかげで万物の命がある。その恵みでこうやっておいしい食事が出来るのだ。朝夕に食事をしない者はいない。そのことを食物の神である豊受大御神（外宮）に感謝しないといけないではないか。そんなことを思っていたのである。

さらに宣長には「毎朝拝神式」というものがある。毎日拝する神名や神社名を二十挙げ、方角、拝礼の次第を記したものである。天つ神や国つ神、『古事記』に登場する神々、また井戸やかまどの神、土の神、自分に命を与えてくれた吉野水分神社の神、伊勢や松坂、町内の神への感謝を毎朝申し上げていたのである。

拝礼を間近に見ていた大平は、先生はこれを人に勧めることもなく、柏手も小さく

打っていたと証言し、

世ノ人ニ異ナル事ヲ見セテ、ワレハガホニコトゴトシクスル事ハ、大人ノ甚キラヒ也

と書き添えている。

押しつけることはしない。ただ何も感謝しないで食事をする人を見て不思議に思い、ふと洩らした言葉が前の歌になったのであろう。

宣長は子どものような好奇心を持ち続けた人である。驚く心を持ち続けた人である。『葛花』や『玉勝間』を見ればそれはよく分かる。その物事に敏感に反応する柔軟な感性が、「おかげ」を気づかせたのであろう。

もう一つ大切なことがある。両親や祖先、また世話になった人々の命日を『法事録』に記録し、忌日には灯明を灯し、たとえば浄土三部経を唱えるなど仏式で法事を行っているのである。つまり神道だ仏教だと言うのではなく、感謝の念を表す時に、対象の方にふさわしい方式を選ぶのだ。たとえば父定利は没後は場誉直観道樹大

徳、母勝は慧勝大姉となったので、菩提を弔い感謝を申し述べるには、浄土宗の作法に則って行うのである。

思想や信条も大切だが、今自分がここにいる事への感謝の気持ち、何よりそれを宣長は大切にした。「恩頼」である。ひょっとしたらこれが、日本人の根底にあるものではないだろうか。

鈴屋を訪れた人々

最後となったが、宣長のところを訪ねた人たちの話をいくつか紹介しよう。

宣長のところで衝撃を受けた人も様々だ。宣長学の新しさに驚いた田中道麿のような人もいれば、日本の広さを実感してカルチャーショック受けた人もいる。

末田芳麿は土産に山まゆ一反(『音信到来帳』)を持って広島からやってきた商人だが、友人への書簡が残っている。

同(四月)三日昼前松坂着、すぐに本居へ罷越候処当日は歌会にてるすと申事故、たづねて早速対面仕候。其夜は本居家にて万葉講尺承大慶仕候。甚先生も御多用に相見へ申候。此節は肥後熊本よりも儒者二人（高本順・長瀬真幸等）寄宿被致候、外に紀州（田辺谷井新吉、長谷部敬英）・遠州・尾州・阿州（阿波国白鳥神社神主宮〈虫損〉周防守）皆々学者衆ノ出会にて不怪事にてキモヲツブシ申候。夫故、一向何にても頼ノマレガタク御座候。委細は帰国の上御咄可申述候

伊勢街道、和歌山街道の交わる松坂は、諸国文化の交差点のような所である。そこで「源氏」や『万葉集』のすばらしい講釈があるといって全国から人が集まってくる。熊本の高本順が長瀬を同伴している、他にも紀州（和歌山）、遠江国、尾張国など各地の学者衆である。広島から来た末田芳麿は驚いて、友人から頼まれたこともすっかり忘れてしまったというのだ。一七九七年（宣長六十八歳）のことである。

高本一行は、三月三十日に松坂に到着した。『菅笠日記』の行程をたどってやってきましたという順の短冊が残されているのをみても、宣長への思いの強さが伝わってくる。土産は、国府のたばこ一箱と筆二対（『音信到来帳』）であった。

高本は熊本藩校時習館の教授である。宣長も歓迎の宴を愛宕町の菅相寺で開いた。

この時のエピソードだが、宣長の所望により、高本に同行した長瀬真幸が得意の声で催馬楽「席田《むしろだ》」を歌った。「席田」は、

席田の　席田の　伊津貫川にや　住む鶴の　住む鶴の　住む鶴の　千歳をかねて
ぞ　遊びあへる　千歳をかねてぞ　遊びあへる

という目出たい歌詞の古代歌謡である。宣長も満足し、明日も聞きたいものだという歌を贈った。

あすもまた　つぎてきかばや　むしろだに　鳴くなるたづ（鶴）の　面白き音《ね》は

やがて宣長が没し、その三回忌が熊本で開かれたときに、真幸は師の面影を思い浮かべながら「席田」を歌ったのである。
学ぶことの歓びは、儒学と国学、熊本藩と紀州藩という隔たりをも易々と越えてしまうのである。

もう一組、同じ肥後国から来た人を紹介しておこう。山鹿の帆足長秋と十五歳の娘・京である。長秋は三度目の来訪だが、今回は特別な目的があった。それは『古事記伝』全巻書写である。そのために娘と妻を同伴したのであった。

享和元（一八〇一）年六月下旬、松坂に到着した三人はさっそく借家で生活を開始、長秋と京が書写するのを、母は内職をしながら支えた。歌会などへの参加もするが、あとは一所懸命写本に励み、九月一日までに親子で七冊書写した。分担は京は二冊、長秋は五冊である。また京は宣長の『地名字音転用例』も書写した。

借りた『古事記伝』を返すときに、京は短冊を添えた。

本居大人の御許より古事記伝をかりてうつしとりなとしてかへし奉るとて、

たまぼこの　正しき道を　しをりして　君がをしゆる　ふみぞ尊き

（わが国の本当の道を迷わぬようにと枝を折りながら案内してくださる先生の書物は本当にありがたいものです）

また一首、

埋もるゝ　玉のひかりを　世の中に　みがきひろむる　いさをしぞおもふ
（埋もれてしまっていた貴重な玉を、世の中に磨き、それをみなに教えられた、先生の功績を思います）

宣長もその筆跡の美しさには大変驚き、返歌を贈っている。

花咲ん　末長月の　ゆかしきは　今よりにほふ　菊の若苗
（将来きっとすばらしい花を咲かすことでしょう、今月は九月、長月ですがその月にふさわしく、末長い活躍をまるで予見するかのように、まだこのような若さで麗しく薫る菊の花でありますことよ）

松坂での生活も長くなり、一家は一旦熊本に帰る。だが、再び松坂を訪うことはなかった。旅の途中、宣長が亡くなったのである。その後の写本は、熊本において続行された。現在も伝わる四十四冊を見ると、内容だけではなく、その筆跡をも写そうとしたことがよく分かる。それも宣長先生と同じ空気のもとで写すことに親子は格別の意義を見出していたのだ。

長秋は、娘と写した『古事記伝』以外にも、宣長の大半の著作を写している。二度、三度で写した物もあるし、また京の物まなびの手ほどきも宣長の本の書写で行っている。

学ぶ歓びの究極であろう。今、長秋、京親子の像が熊本県山鹿市に建っている。

学ぶ歓び

宣長の最後の講釈に間に合ったのが、飛驒高山の田中大秀（二十五歳）であった。参宮の帰りに松坂で先生にお目にかかりたいと楽しみにしていたが、折から宣長は在京中で、あきらめきれずに仲間と別れて一人京都に向かう。

京都で宣長に拝謁してからは、先生の行く先々に付いていき聴講し、深い感銘を受けた。やがて宣長は松坂に帰り、見送った大秀は、師説を書き留めた『源氏物語聞書』を持って郷里高山に帰っていった。

家に着いて、しばらくして松坂からの書状が届いた。それは先生の死去を告げるものであった。大秀の悲しみは察するに余りある。

大秀はそれから毎年宣長追慕の会を高山で開催した。そのことを高山の郷土史家・大野政雄は次のように感銘深く記している。

わが大秀翁は僻遠の地飛騨にあつて、永眠の前年まで実に四十五年の長きにわたり、ずつと継続して師翁の霊祭を絶たれなかつたのである。わづか二月足らずの学恩に対し、かほどの報謝をいたすことはけだし稀有の例ではなからうか。道を求める熾烈な精神と師翁に対する傾倒の深さを察すべきである　「嵯峨山の松」

さらに驚くべきことがある。

その後、大秀は『竹取物語』など平安文学研究で大きな功績を残し、門人もまた多かった。その招きで越前国福井に赴いたのは亡くなる前年弘化三（一八四六）年、七十歳の時である。迎えた人々は、大秀先生は自らの研究成果を話されると思っていただろう。

だが大秀が行ったのは、二十五歳の時に聴いて感銘した、宣長先生の講釈の再演であった。大秀が自分の『万葉集略解』に書き込んだ宣長の講釈の進捗状況に従って、幾日にもわたり、講釈したのである。今も残る手沢本「略解」には、この時の宣長講釈と自分の講釈の対照表が挟み込まれている。

その時の聴衆の一人が、「独楽吟」で有名な清貧の歌人・橘曙覧《あけみ》である。文久元（一八六一）年、橘曙覧は息子を連れて、山室山奥墓に参詣。妙楽寺に泊まり、翌日魚町宅に立ち寄った。曙覧は宣長の学を深く敬愛し、

たのしみは　鈴屋大人の　後に生まれ　その御諭《みさとし》を　うくる思ふ時

宣長先生の後に生まれて本当によかった。先生の研究なさったことを全部読むことが出来るのだから、という歌を詠み、また、山室山奥墓参拝時には、

おくれても　生まれし我か　同じ世に　あらば沓《くつ》をも　とらまし翁《おじ》に

宣長先生と同じ世に生まれていたならば、先生の僕《しもべ》となっていたのに、遅れて生まれたためにそれもかなわないと嘆きの歌を遺している。

大秀、曙覧の学問の師・宣長に対しての痛切な思いを、学ぶ歓びを忘れてしまった今の人たちはおそらく理解することは困難だろう。

宣長にまねぶ

哲学者の西田幾多郎は、その最終講義で次のように語った。

私の生涯は極めて簡単なものだ。始めは黒板に向かって坐し、あとは黒板を背に立った。黒板に向かって一回転をなしたといえば私の伝記は尽きると。

宣長もまた、昼間は医者で、夜は机に向かい本を読む日々、ただそれだけの人生であった。もしドラマめいた話を探すならば、賀茂真淵との対面（松坂の一夜）くらいであろうか。どこにでもある人生である。

宣長の人生が単調なのではない。そう見えるのは、考え続けることが出来る環境に身を置く必要があったからだろう。

志を成し遂げるための強い意志と、工夫があった。何より長い時間軸で物事を考えるというゆったりとした気持ちを持ち続けることが出来た。これは、歴史に学ぶことで鍛えられた目である。

先人の中にはたしかに次元が違う人たちがいる。そんな人たちの話を、関係のない世界のことだと聞き流すのはいかにももったいない。

私たちは、自分の存在を外から、空間の広がりの中で、時間の流れの中で客観的に捉えることはなかなかできない。自分のことだけでない、取り巻く世界についても、身過ぎ世過ぎ、あわただしく過ぎていく時間の中で、ただうろうろさまよっているだけで一向に全体を把握していない。しかしそれで良いのだろうか。

ここに先人に学ぶというすばらしく賢い方法がある。学ぶのがおこがましいと思うなら真似してみればよい。「学ぶ」のもとは「真似」である。

何事であれ、一つの事で名を残す人たちは、普通の人以上に悩み、工夫を重ねてきた人たちであり、真摯に問えば必ず良い方法を教えてくれるだろう。

宣長の生涯に寄り添うように、また行きつ戻りつしながらたどってきた。たしかに、ステージが違うと思うこともある。だが、よく観察してみると、まず物の見方が違う。

これはふだんから気をつけていれば真似ることはそう難しくない。

また、気持ちの切り替え方とか雑事のこなし方など、色々工夫をしている。これも、一つひとつは、すぐ出来そうなこともある。

難しいのは、その全てを志を遂げるという一点に集約することである。しかし案ずるには及ばない。大切なことは、

才の乏《とも》しきや、学ぶことの晩《おそ》きや、暇の無きやによりて、思ひくづをれて、止ることなかれ。とてもかくても、努めだにすれば、出来るものと心得べし
『うひ山ぶみ』

なんとかなるはずだ、と前に向かって歩くことだろう。

あとがき

「宣長に関心を持つ人は、間違いなく一流の人である。だから君は無理に勉強しなくてもよいから、来館された方の話をしっかり聞いておきなさい」

岩田隆先生はそうおっしゃった。先生も六十年にわたり宣長を研究されてきた研究者だが、自分を勘定に入れる方ではない。また、そんなことはどうでもよい。

宣長は日本の学問の王道を歩いた人である。この国に生まれたことに誇りを持ち、自分の目で見て考えて、ゆったりと、また堂々と歩いた人である。そのことについては本書に述べた通りである。

そんな宣長の学問を論評したり論うことはおおけないこと、つまり身の程知らずであると考えておられた岩田先生だが、拝察するところ、その学問手法はやはり宣長を範としておられた。学問だけでない、道を歩く時も、酒を飲む時も迷いがなかった。そんな先生は飲み屋でも人気があった。物まなびの力は絶大である。

さて、耳学問には限界もあるが、宣長に倣うことは、これは尽きることがない。また誰でも出来る。

無理をすることはない。出来ることから始めることだ。しかしその一歩を踏み出す前に、先ず自分の位置を確認すること、そして志をたてること、そこから真似たらよい。

それにしても、宣長の周りにはどうしてこんなに素晴らしい人たちが集まってくるのだろう。まさに、パール・ネットワークである。それは今も素晴らしい出逢いを生み出し続けている。本書は専門書ではないので、一々名前を挙げることはしないが、その皆さまのお蔭で、本書も書くことが出来た。深く感謝申し上げたい。

宣長に関心を持つ人はみな一流である。だが時に全く逆の者の口を借りその真実を伝えることもある。歴史というものは不思議なものである。

「必ず人を以て言を捨つる事なかれ。文章書き様は甚だ乱りなり・・これまた言を以て人を捨つること無からん事を仰ぐ」

本書執筆の機会を与えていただいた株式会社致知出版社社長・藤尾秀昭様に深甚の謝意を表します。また編集の小森俊司氏にはずいぶんお世話になった。厚く御礼申し上げます。

平成二十九年二月

吉田悦之

〈著者略歴〉

吉田悦之（よしだ・よしゆき）
昭和32年三重県松阪市生まれ。55年國學院大學文学部卒業後、本居宣長記念館研究員などを経て、平成21年同記念館館長に就任。公益財団法人鈴屋遺跡保存会常任理事を務める。宣長研究は学生時代から換算すると約40年に及ぶ。著書に『日本人のこころのことば 本居宣長』（創元社）『本居宣長の不思議』（本居宣長記念 館）、編著に『21世紀の本居宣長』（朝日新聞社）『本居宣長事典』（東京堂書店）などがある。

宣長にまねぶ

平成二十九年二月二十五日第一刷発行

著者 吉田 悦之
発行者 藤尾 秀昭
発行所 致知出版社
〒150-0001東京都渋谷区神宮前四の二十四の九
TEL（〇三）三七九六―二一一一
印刷 ㈱ディグ 製本 難波製本
落丁・乱丁はお取替え致します。 （検印廃止）

© Yoshiyuki Yoshida 2017 Printed in Japan
ISBN978-4-8009-1139-1 C0095
ホームページ http://www.chichi.co.jp
Eメール books@chichi.co.jp

人間学を学ぶ 月刊誌 致知

CHICHI

人間力を高めたいあなたへ

●『致知』はこんな月刊誌です。

- 毎月特集テーマを立て、ジャンルを問わずそれに相応しい人物を紹介
- 豪華な顔ぶれで充実した連載記事
- 稲盛和夫氏ら、各界のリーダーも愛読
- 書店では手に入らない
- クチコミで全国へ（海外へも）広まってきた
- 誌名は古典『大学』の「格物致知（かくぶつちち）」に由来
- 日本一プレゼントされている月刊誌
- 昭和53（1978）年創刊
- 上場企業をはじめ、1,000社以上が社内勉強会に採用

―― 月刊誌『致知』定期購読のご案内 ――

●おトクな3年購読 ⇒ 27,800円
（1冊あたり772円／税・送料込）

●お気軽に1年購読 ⇒ 10,300円
（1冊あたり858円／税・送料込）

判型:B5判 ページ数:160ページ前後 ／ 毎月5日前後に郵便で届きます（海外も可）

お電話
03-3796-2111（代）

ホームページ
致知 で 検索

致《ち》知《ち》出《しゅっ》版《ぱん》社《しゃ》 〒150-0001 東京都渋谷区神宮前4−24−9

いつの時代にも、仕事にも人生にも真剣に取り組んでいる人はいる。
そういう人たちの心の糧になる雑誌を創ろう——

『致知』の創刊理念です。

私たちも推薦します

稲盛和夫氏　**京セラ名誉会長**
我が国に有力な経営誌は数々ありますが、その中でも人の心に焦点をあてた編集方針を貫いておられる『致知』は際だっています。

王　貞治氏　**福岡ソフトバンクホークス取締役会長**
『致知』は一貫して「人間とはかくあるべきだ」ということを説き諭してくれる。

鍵山秀三郎氏　**イエローハット創業者**
ひたすら美点凝視と真人発掘という高い志を貫いてきた『致知』に心から声援を送ります。

北尾吉孝氏　**SBI ホールディングス代表取締役執行役員社長**
我々は修養によって日々進化しなければならない。その修養の一番の助けになるのが『致知』である。

渡部昇一氏　**上智大学名誉教授**
修養によって自分を磨き、自分を高めることが尊いことだ、また大切なことなのだ、という立場を守り、その考え方を広めようとする『致知』に心からなる敬意を捧げます。

致知出版社の人間力メルマガ（無料）　人間力メルマガ　で　検索
あなたをやる気にする言葉や、感動のエピソードが毎日届きます。

人間力を高める致知出版社の本

吉田松陰『留魂録』

城島明彦 現代語訳

吉田松陰の遺書とも言える『留魂録』。
「至誠」や「大和魂」といった行動規範、
そして松陰の滾る思いが鮮やかに甦る一冊

●四六判並製　●定価＝本体1,400円＋税